MODERAN SUSHI MAJSTORSTVO PRIRUČNIK

100 recepata koji će vas uvesti u umjetnost suvremenog sushija

Antonija Radić

Materijal autorskih prava ©2023

Sva prava pridržana

Nijedan dio ove knjige ne smije se koristiti ili prenositi u bilo kojem obliku ili na bilo koji način bez odgovarajućeg pisanog pristanka izdavača i vlasnika autorskih prava, osim kratkih citata korištenih u recenziji. Ovu knjigu ne treba smatrati zamjenom za medicinske, pravne ili druge stručne savjete.

SADRŽAJ

UVOD 6
NOVO DOBA SUSHI 7

   1. SUSHI OD KIVIJA 8
   2. KLJUČNI DESERTNI SUSHI S LIMETOM 10
   3. SUSHI OD SIRA, TATER TOTSA I SLANINE 13
   4. ČOKOLADNI TIRAMISU SUSHI 15
   5. PUNJENA PUREĆA ROLADA S WASABI KRUMPIROM 18
   6. SUSHI OD BANANE 20
   7. FRUSHI S KOKOSOVOM RIŽOM 22
   8. RAMEN SUSHI 25
   9. PRŠUT SA SUSHIJEM OD CANTALOUPE 28
  10. HALLOWEEN PANDA SUSHI 30
  11. PB&J SENDVIČ SUSHI 32
  12. HRENOVKASUSHI 34
  13. SUSHI SA SLANINOM 37
  14. SUSHI ZA DORUČAK S VAFLIMA 39
  15. JEDNOROG SUSHI KRAFNE 41
  16. SUSHI ROLICE PUNJENE KRASTAVCIMA 44
  17. PLJESKAVICA SA SIROM SUSHI 46
  18. BANANA NUTELLA DESERT SUSHI 48
  19. SUSHI OD BANANE I PISTACIJA 50
  20. SUSHI BOMBON 52
  21. ČOKOLADNA BANANA ROLADA 54
  22. SUSHI OD JABUKE I KARAMELE 56
  23. CREPE SUSHI OD ZELENOG ČAJA MATCHA 58
  24. BOROVNICA BLISS MOCHI SUSHI 60
  25. SUSHI ROLICE S LIMUNOM I BOROVNICOM 62
  26. SUSHI OD VOĆNIH PALAČINKI SA SVJEŽIM SIROM 64
  27. SUSHI S BRAZILSKIM ORASIMA 67

EGZOTIČNE SUSHI ROLICE 69

  28. WAGYU GOVEĐE SUSHI ROLICE 70
  29. UNI I TOBIKO SUSHI ROLICE 72
  30. HAMAGARI SUSHI OD ŠKOLJKI 74
  31. SUSHI ROLICE OD JASTOGA 76
  32. DAIKON ROTKVICA I OMLET SUSHI 78
  33. SUSHI ROLICE OD DIMLJENOG LOSOSA I KREM SIRA 81
  34. SUSHI ROLICE OD TUNE I MANGA 83
  35. PIKANTNA ROLADA OD GLJIVA SHIITAKE 85
  36. SUSHI ROLADA OD AVOKADA I KRASTAVACA 87

37. Začinjene sushi rolice s jakom kapicom 89
38. Sushi rolice od rakova i avokada 91
39. Sushi od glaziranog patlidžana 93
40. Sushi rolice od jegulje i krastavaca 95
41. Hrskavi enoki rolat od gljiva 97
42. Sushi rolice od kavijara i krem sira 100
43. Tuna Tartare Sushi Kiflice 102
44. Mekana školjka Crab Sushi Kiflice 104
45. Jakobove kapice i Tobiko sushi rolice 106
46. Toro i kavijar sushi 108
47. Sushi s uljem jastoga i tartufa 110
48. Foie Gras i Sushi od smokava 112
49. Uni i Wagyu Govedina Sushi 114
50. Sushi Nigiri od rotkvica i škampa 116
51. Sushi od kraljevskog raka i avokada 118
52. Sushi od brancina i tartufa 120
53. Sushi s patkom i hoisin umakom 122
54. Masni sushi od lososa i avokada 124
55. Sushi od jegulje i avokada 126
56. Sushi od jastoga i kavijara 128
57. Sushi rolada od crne riže s tofuom i povrćem 130
58. Sushi rolada od jegulje i avokada na žaru 132
59. Sushi rolada od rotkvica i povrća 134
60. ushi od tune i soje 136
61. Sushi od mrkve i avokada 139
62. Vege rolada od smeđe riže 141
63. Sushi rolada s kvinojom i avokadom 143
64. Sushi rolada od rotkvica i krastavaca 145

ZDJELICE ZA SUSHI 147

65. Dynamite Scallop Sushi Zdjela 148
66. Zdjela za sushi od šunke i breskve 150
67. Narančaste čaše za sushi 152
68. Podrškazdjela za sushi 154
69. Zdjela za sushi od jaja, sira i zelenog graha 156
70. Zdjela za sushi od breskve 158
71. Ratatouille zdjela za sushi 160
72. Hrskava zdjela za sushi od prženog tofua 162
73. Zdjela za sushi od avokada 165
74. Zdjela riže s algama 167
75. Začinjena zdjela za sushi od jastoga 169
76. Zdjela za sushi s kratkim rebrima s roštilja 171
77. Zdjela za sushi od svježeg lososa i avokada 173

PRESANI, GUNKAN I NIGIRI SUSHI 175

78. Nigiri od nara i tamne čokolade 176

79. NIGIRI OD AVOKADA I NARA 178
80. SHIITAKE NIGIRI 180
81. NIGIRI KOLAČ OD SIRA OD JAGODA 182
82. DIMLJENI TOFU NIGIRI 184
83. SUSHI NIGIRI OD ROTKVICA I TUNE 186

SUSHI RUČNE ROLICE/TEMAKI 188

84. MANGO LJEPLJIVA RIŽA MAKI 189
85. TEMPURA ROLICE S POVRĆEM 191
86. ROLICE OD SLANINE 193
87. TEMAKI OD KIKIRIKIJA I BANANE 195
88. RUČNE ROLICE OD ČIPSA OD KELJA 197
89. KIMCHEE, I ROLNICE OD RAJČICE 199
90. KOKOS MANGO TEMAKI 201

SAŠIMI 203

91. SASHIMI OD DINJE 204
92. NASLJEDNI SASHIMI OD RAJČICE 206
93. CARPACCIO OD JAKOBOVE KAPICE 208
94. SASHIMI OD SLATKIH KOZICA 210
95. HALIBUT S LIMUNOM I MATCHA SOLI 212
96. GOVEĐA TATAKI PLATA 214
97. SASHIMI OD TUNE S JALAPENO GRANITOM 217
98. TARTAR OD TUNE I AVOKADA 219
99. SASHIMI OD LOSOSA OD AVOKADA I MANGA 221
100. ŽUTOREPI SASHIMI OD TARTUFA 223

ZAKLJUČAK 225

UVOD

Pozdrav, kulinarski avanturisti i sushi entuzijasti! Dobro došli u očaravajući svijet "Moderan Sushi Majstorstvo Priručnik". U svijetu gastronomije koji se neprestano razvija, gdje inovacija pleše s tradicijom, ovaj priručnik je vaš pristup zadivljujućem putovanju u srce suvremene izrade sushija. Dok krećemo u ovu kulinarsku odiseju, zamislite živu kuhinju uz ritmične zvukove sjeckanja, delikatnu umjetnost motanja i aromatičnu simfoniju svježih namirnica.

Sushi, čiji su korijeni duboko usađeni u japansku tradiciju, doživio je značajnu metamorfozu u 21. stoljeću. "Moderan Sushi Majstorstvo Priručnik" više je od vodiča; to je istraživanje kulinarske renesanse, gdje se klasične tehnike susreću s avangardom, a svaki recept je potez kistom na platnu moderane sushi umjetnosti.

Zamislite iskustvo sushija koje nadilazi uobičajeno, gdje su poznati okusi prožeti suvremenim zaokretima, a svaka rolica priča priču o kreativnosti i inovativnosti. Ovaj priručnik vaš je suputnik na ovom gastronomskom putovanju, obećavajući ne samo recepte, već i sveobuhvatno razumijevanje tehnika, sastojaka i umjetničkih principa koji definiraju moderano majstorstvo sushija.

Bez obzira jeste li iskusni kuhar sushija koji traži svježu inspiraciju ili kuhar kod kuće koji se želi upustiti u avanturu pripreme sushija, ovaj priručnik osmišljen je da vas osnaži. Uronimo zajedno u dubine suvremene izrade sushija—putovanje na kojem se spajaju tradicija i moderanost kako bi se stvorila kulinarska tapiserija koja je istovremeno bezvremenska i vrhunska.

Neka vaša kuhinja postane utočište eksperimentiranja, vaši sushi rolice svjedočanstvo vašeg kreativnog duha, a svaki zalogaj slavlje dinamičnog svijeta moderanog sushija koji se neprestano razvija. Pridružite mi se dok motamo, režemo i uživamo u zadivljujućoj umjetnosti "Moderan Sushi Majstorstvo"!

NOVO DOBA SUSHI

1.sushi od kivija

SASTOJCI:
- 4 velika kivija
- 4 kriške kuhane piletine ili puretine
- ½ avokada, tanko narezanog
- ¼ šalice naribane mrkve
- 2 žlice krem sira
- Soja umak ili tamari (za umakanje, po želji)

UPUTE:
a) Započnite tako što ćete oguliti kivi i prerezati ga na pola po dužini. Izdubite mali dio mesa iz svake polovice kivija, stvarajući šupljinu za punjenje. Pazite da ne izdubite previše jer želite da kivi zadrži svoj oblik.
b) Položite krišku kuhane piletine ili puretine na čistu površinu. Krišku namažite tankim slojem krem sira.
c) Stavite nekoliko kriški avokada i pospite naribanu mrkvu na krem sir, blizu jednog kraja kriške piletine ili puretine.
d) Uzmite jednu od izdubljenih polovica kivija i stavite je na nadjeve. Lagano pritisnite kako biste učvrstili sastojke.
e) Pažljivo zarolajte piletinu ili puretinu oko polovice punjenog kivija, stvarajući čvrstu rolu. Ponovite postupak s preostalim polovicama kivija i nadjevima.
f) Nakon što ste zarolali sve punjene "sushi" rolice od kivija, oštrim nožem ih narežite na komade veličine zalogaja. Rolice po potrebi možete učvrstiti čačkalicama.
g) Punjene "Sushi" rolice od kivija poslužite na pladnju ili tanjuru. Po želji ih možete složiti u prezentaciju u stilu sushija.
h) Po želji poslužite uz dodatak soja umaka ili tamarija za umakanje.

2.Ključni desertni sushi s limetom

SASTOJCI:
TORTA
- 2/3 šalice Gold Medal™ nebijeljenog višenamjenskog brašna
- 1 žličica praška za pecivo
- 1/4 žličice soli
- 1/2 šalice granuliranog šećera
- 3 jaja plus 2 bjelanjka
- 1 žličica čistog ekstrakta vanilije
- 2 žlice šećera u prahu, za umotavanje torte

PUNJENJE
- 1 šalica granuliranog šećera
- 3 žlice Gold Medal™ nebijeljenog višenamjenskog brašna
- 1 jaje, lagano tučeno
- 3/4 šalice vode
- 1/4 šalice ključnog soka od limete
- Šlag, za ukras
- 1 limeta, narezana, za ukras

UPUTE:

a) Zagrijte pećnicu na 375°F. Lim za kekse veličine 17 x 11 inča s obrubom obložite silikonskom podlogom ILI ga premažite sprejom za kuhanje i obložite papirom za pečenje. Podlogu ili papir premažite s još spreja za kuhanje i ostavite sa strane.

b) U maloj zdjeli pomiješajte brašno, prašak za pecivo i sol.

c) U srednjoj zdjeli ili zdjeli samostojećeg miksera, tucite šećer, jaja i bjelanjke velikom brzinom dok ne postanu blijedi i pjenasti, oko 5 minuta. Umiješajte vaniliju.

d) Dodajte smjesu brašna u dva dijela, miješajući između njih, dok se potpuno ne sjedini.

e) Ulijte tijesto u pripremljen lim za kekse i ravnomjerno rasporedite lopaticom. Pecite oko 10 minuta ili dok kolač ne poskoči na lagani dodir.

f) Dok se kolač peče, veliku kuhinjsku krpu pospite šećerom u prahu. Izvadite kolač iz pećnice i pažljivo preokrenite na pripremljenu kuhinjsku krpu. Uklonite silikonsku podlogu ili papir za pečenje i oštrim nožem prerežite tortu na pola po dužini. Pažljivo zarolajte kolače s duge strane u kuhinjsku krpu i stavite ručnik, šavom prema dolje, na radnu površinu da se hladi 30 minuta do sat vremena.

g) U međuvremenu napravite nadjev: u malom loncu pomiješajte šećer, brašno, jaje, vodu i sok od limete. Kuhajte i miješajte na srednjoj vatri dok smjesa ne zavrije; miješati 1 minutu dok se ne zgusne. Maknite s vatre; prosijati kroz cjedilo u posebnu posudu i ohladiti na sobnu temperaturu.

h) Kad se kolači ohlade, odmotajte ih s ručnika i stavite svaki kolač na veliku plastičnu foliju. Svaku pogačicu premažite polovicom nadjeva (možda nećete iskoristiti sav nadjev - to je OK) i čvrsto zarolajte. Obje torte pokrijte plastičnom folijom i stavite u hladnjak da se stegne 4 sata ili preko noći.

i) Izvadite postavljene kolače iz hladnjaka i plastične folije. Koristeći nazubljeni nož, izrežite svaku tortu na komade od 1 inča, poput sushija (oko 12 kriški po torti). Okrenite prerezanu stranu prema dolje i na vrh stavite komad šlaga i krišku limete. Po želji poslužite s toplim čokoladnim umakom za umakanje.

3.Sushi od sira, tater totsa i slanine

SASTOJCI:

PLETANJE SLANINE:
- 1 funta slanine

TATER TOT PUNJENJE:
- Tater tots (prethodno kuhani prema uputama na pakiranju)

SUSHI SKUPŠTINA:
- Pletenje slanine
- Kuhane tater tots
- Kajgana
- Narezani jalapeños
- Naribani sir (cheddar ili vrsta po želji)

UPUTE:

PLETANJE SLANINE:
a) Zagrijte pećnicu na 375°F (190°C).
b) Napravite tkanje slanine postavljajući trake slanine vodoravno i okomito, naizmjenično da oblikuju kvadratni uzorak.
c) Pletenu slaninu stavite na pleh obložen papirom za pečenje.
d) Pecite u prethodno zagrijanoj pećnici oko 15-20 minuta ili dok slanina nije pečena, ali još uvijek fleksibilna. Pripazite na to kako biste spriječili prekuhavanje.

TATER TOT PUNJENJE:
e) Kuhajte tater tots prema uputama na pakiranju dok ne porumene i postanu hrskavi.

SUSHI SKUPŠTINA:
f) Položite slaninu na ravnu površinu.
g) Stavite sloj kajgane preko slanine.
h) Dodajte red kuhanih tater tots duž sredine jaja.
i) Tater tots pospite naribanim sirom.
j) Na sir stavite narezane jalapeñose.
k) Pažljivo zarolajte slaninu, stvarajući oblik rolice za sushi. Možete koristiti bambusovu podlogu za motanje sushija kao pomoć u ovom procesu.
l) Po potrebi učvrstite roladu čačkalicama.
m) Sushi roladu sa slaninom narežite na pojedinačne komade.
n) Poslužite svoj sushi sa slaninom sa svojim omiljenim umakom za umakanje, kao što je pikantni majonez ili pikantni umak za roštilj.

4. Čokoladni tiramisu sushi

SASTOJCI:
ČOKOLADNI KREP "NORI" (ALGE):
- 1 šalica višenamjenskog brašna
- 2 žlice kakaa u prahu
- 2 žlice šećera
- Prstohvat soli
- 1 1/2 šalice mlijeka
- 2 velika jaja
- 2 žlice otopljenog maslaca
- Dodatni maslac za kuhanje

TIRAMISU NADJEV:
- 1 šalica mascarpone sira
- 1/2 šalice šećera u prahu
- 1 žličica ekstrakta vanilije
- 1 šalica tučenog vrhnja
- 1/2 šalice jako kuhane kave, ohlađene
- 2 žlice likera od kave (po želji)
- Kakao prah za posipanje

SUSHI SKUPŠTINA:
- Čokoladne palačinke
- Tiramisu punjenje
- Kakao prah za posipanje

UPUTE:
ČOKOLADNI KREP "NORI" (ALGE):
a) U blenderu pomiješajte brašno, kakao prah, šećer, sol, mlijeko, jaja i otopljeni maslac. Miješajte dok ne postane glatko.
b) Zagrijte neprijanjajuću tavu na srednje jakoj vatri i dodajte malu količinu maslaca.
c) Ulijte tanak sloj tijesta u tavu, vrteći kako biste ravnomjerno prekrili dno.
d) Pecite palačinku oko 1-2 minute sa svake strane, dok se ne stegne. Ponavljajte dok ne potrošite svo tijesto.

TIRAMISU NADJEV:
e) U zdjeli izmiješajte mascarpone sir, šećer u prahu i ekstrakt vanilije dok ne postane glatko.
f) Nježno umiješajte šlag dok se dobro ne sjedini.
g) U plitkoj posudi pomiješajte skuhanu kavu i liker od kave.
h) Svaku čokoladnu palačinku nakratko umočite u mješavinu kave, pazeći da je prekrivena, ali ne previše natopljena.

SUSHI SKUPŠTINA:
i) Položite čokoladnu palačinku na ravnu površinu.
j) Preko palačinke rasporedite obilan sloj tiramisu nadjeva.
k) Pažljivo zarolajte palačinku u oblik cjepanice ili cilindra, nalik rolici za sushi.
l) Ponovite postupak s preostalim palačinkama i nadjevom.
m) Zarolani tiramisu sushi stavite u hladnjak na najmanje 1-2 sata da se stegne.
n) Servirati:
o) Nakon što se ohladi, narežite tiramisu sushi na komade veličine zalogaja.
p) Pospite vrh svake kriške kakaom u prahu za završni dodir.
q) Poslužite na tanjur i uživajte u čokoladnom tiramisu sushiju!

5.Punjena pureća rolada s Wasabi krumpirom

SASTOJCI:
ZA PUREĆU ROLADU:
- 1 pureća prsa bez kostiju
- Posolite i popaprite po ukusu
- Nadjev po izboru (možete koristiti tradicionalni nadjev za kruh ili bilo koju varijantu po želji)
- Umak od brusnica (domaći ili kupovni)

ZA VASABI OD PIRE OD KRUMPIRA:
- 4 velika krumpira, oguljena i narezana na kockice
- 1/4 šalice neslanog maslaca
- 1/2 šalice mlijeka
- Posolite i popaprite po ukusu
- 2 žlice wasabi paste (po želji)

UPUTE:
ZA PUREĆU ROLADU:
a) Zagrijte pećnicu na 375°F (190°C).
b) Položite pureća prsa bez kostiju na čistu površinu. Posolite i popaprite.
c) Nadjev ravnomjerno rasporedite po purećim prsima.
d) Na vrh nadjeva dodajte sloj umaka od brusnica.
e) Pažljivo smotajte pureća prsa u cjepanicu, pazeći da su nadjev i umak od brusnica obloženi.
f) Učvrstite roladu kuhinjskom špagom.
g) Pureću roladu stavite na pleh obložen papirom za pečenje.
h) Pecite u prethodno zagrijanoj pećnici otprilike 25-30 minuta po funti ili dok unutarnja temperatura ne dosegne 165°F (74°C).
i) Ostavite pureću roladu da odstoji nekoliko minuta prije rezanja.

ZA VASABI OD PIRE OD KRUMPIRA:
j) Oguljeni i na kockice narezani krumpir skuhajte dok ne omekša.
k) Ocijedite krumpir i zgnječite ga s maslacem i mlijekom dok ne postane glatko.
l) Umiješajte wasabi pastu, prilagodite količinu željenoj razini ljutine.
m) Pire krompir posolite i popaprite po ukusu.

SASTAVLJANJE:
n) Pureću roladu narežite na kolutiće.
o) Svaku krišku poslužite na podlozi od pirea od wasabija "zeleno sranje".

6.Sushi od banane

SASTOJCI:
- 2 velike banane
- 2-4 tortilje od cjelovitih žitarica ili lista nori (morskih algi)
- 2-4 žlice maslaca od badema ili kikirikija
- Med ili agavin sirup (po želji, za prelijevanje)
- **PRELJEV:** Chia sjemenke, naribani kokos, granola, nasjeckani orašasti plodovi ili komadići tamne čokolade (odaberite svoje favorite)

UPUTE:
a) Banane ogulite i ostavite sa strane.
b) Ako koristite tortilje, malo ih zagrijte kako bi bile savitljivije.
c) Ako koristite nori listove, možete ih koristiti takve kakvi jesu.
d) Položite tortilje ili nori listove na ravnu površinu.
e) Cijelu površinu premažite tankim slojem maslaca od badema ili kikirikija.
f) Stavite oguljenu bananu blizu ruba tortilje ili nori lista.
g) Pažljivo zarolajte tortilju ili nori list oko banane dok ne dobijete čvrstu rolu. Ako koristite tortilje, možda ćete morati pričvrstiti rub s malo maslaca od orašastih plodova.
h) Oštrim nožem narežite tortilju punjenu bananom ili nori roladu na komade veličine zalogaja, koji podsjećaju na rolice za sushi.
i) Pospite svoje omiljene nadjeve preko banana sushi rolica. To može uključivati chia sjemenke, naribani kokos, granolu, nasjeckane orašaste plodove ili komadiće tamne čokolade.
j) Za dašak slatkoće, po vrhu pokapajte med ili agavin sirup.
k) Složite svoj banana sushi na tanjur i odmah poslužite.

7.Frushi s kokosovom rižom

SASTOJCI:
ZA KOKOS RIŽU:
- 1 šalica sushi riže
- 1 1/4 šalice kokosovog mlijeka
- 2 žlice šećera
- 1/2 žličice soli
- 2 žlice rižinog octa

ZA FRUŠE:
- Listovi nori (morske trave), izrezani na tanke trakice (opcionalno za ukras)
- Jagode, oljuštene i narezane
- Kivi, oguljen i narezan
- Mandarine, oguljene i izrezane na segmente
- Med ili agavin sirup (za prelijevanje, po želji)
- Susam (za ukras, po želji)

UPUTE:
ZA KOKOS RIŽU:
a) Isperite sushi rižu pod hladnom vodom dok voda ne postane bistra.
b) U kuhalu za rižu ili na štednjaku pomiješajte rižu za sushi, kokosovo mlijeko, šećer i sol. Kuhajte prema uputama za kuhalo riže ili štednjak.
c) Nakon što je riža kuhana, ostavite je da se malo ohladi.
d) Lagano umiješajte rižin ocat u kuhanu rižu.

SASTAVLJANJE FRUŠA:
e) Položite podlogu za motanje sushija od bambusa i na vrh stavite plastičnu foliju.
f) Stavite nori traku na plastičnu foliju, ako je koristite.
g) Lagano navlažite ruke da se ne lijepe i uzmite malu šaku kokosove riže. Ravnomjerno ga rasporedite po nori traci, ostavljajući mali rub na vrhu.
h) Po donjem rubu riže posložite kriške jagoda, kivija i kriške mandarine.
i) Pažljivo zarolajte Frushi, koristeći podlogu od bambusa kao vodilicu. Po potrebi začepite rub s malo vode.
j) Ponovite postupak s preostalim sastojcima.
k) Nakon smotanja, oštrim nožem narežite Frushi roladu na komade veličine zalogaja.
l) Rasporedite komade Frushija na pladanj za posluživanje.
m) Po želji: prelijte medom ili agavinim sirupom za slatkoću i po vrhu pospite sjemenke sezama za ukras.

8.Ramen Sushi

SASTOJCI:
ZA RAMEN:
- 2 pakiranja instant ramen rezanaca (bacite pakete začina)
- Voda za kuhanje
- 1 žlica biljnog ulja

ZA SUSHI RICE:
- 2 šalice sushi riže
- 1/3 šalice rižinog octa
- 2 žlice šećera
- 1 žličica soli

ZA NADJEV:
- Tanko narezano povrće (mrkva, krastavac, avokado, paprika itd.)
- Kuhani i narezani proteini po izboru (piletina na žaru, škampi ili tofu)

ZA MONTAŽU:
- Nori (morska trava) listovi
- Soja umak za umakanje
- Ukiseljeni đumbir i wasabi za posluživanje (po želji)

UPUTE:
ZA RAMEN:
a) Skuhajte instant ramen rezance prema uputama na pakiranju. Ocijedite i prelijte žlicom biljnog ulja da se ne zalijepe. Neka se ohladi.

ZA SUSHI RICE:
b) Isperite sushi rižu pod hladnom vodom dok voda ne postane bistra.
c) Skuhajte rižu prema uputama na pakiranju.
d) U malom loncu zagrijte rižin ocat, šećer i sol na laganoj vatri dok se šećer i sol ne otope. Neka se ohladi.
e) Nakon što je riža kuhana, prebacite je u veliku zdjelu. Postupno dodajte smjesu octa, nježno je ubacujući u rižu. Ostavite rižu da se ohladi na sobnoj temperaturi.

ZA MONTAŽU:
f) Položite plastičnu foliju na bambusovu podlogu za motanje sushija. Stavite list norija, sjajnom stranom prema dolje, na plastičnu foliju.
g) Navlažite ruke kako biste spriječili lijepljenje i ravnomjerno rasporedite tanak sloj riže za sushi preko norija, ostavljajući mali rub na vrhu.
h) Uz donji rub riže stavite malu količinu kuhanih ramen rezanaca.
i) Dodajte po izboru tanko narezano povrće i proteine na vrh rezanaca.
j) Pomoću podloge od bambusa pažljivo zarolajte sushi, nježno ga pritiskajući da biste ga oblikovali u cilindar.
k) Začepite rub s malo vode.
l) Ponovite postupak s preostalim sastojcima.
m) Nakon što smotate, oštrim nožem narežite ramen sushi roladu na komade veličine zalogaja.
n) Poslužite ramen sushi sa soja umakom za umakanje i, po želji, ukiseljenim đumbirom i wasabijem sa strane.

9.Pršut sa sushijem od Cantaloupe

SASTOJCI:
- Tanko narezan pršut
- Zrelu dinju ogulite, očistite od sjemenki i narežite na male kockice
- Listovi svježeg bosiljka
- Balsamic glazura (po želji, za prelijevanje)
- Čačkalice ili mali ražnjići

UPUTE:
a) Uzmite krišku pršuta i položite je na čistu površinu.
b) Na jedan kraj kriške pršuta stavite malu kockicu dinje.
c) Dodajte list svježeg bosiljka na vrh dinje.
d) Čvrsto smotajte pršut oko dinje i bosiljka, stvarajući malu rolicu nalik na sushi.
e) Učvrstite roladu čačkalicom ili malim štapićem.
f) Ponovite postupak s preostalim ploškama pršuta, kockicama dinje i listićima bosiljka.
g) Po želji: prelijte rolice dinje umotane u pršut glazurom od balzama za dodatni okus.
h) Rasporedite pršut sa sushi rolicama od dinje na pladanj za posluživanje.
i) Poslužite odmah i uživajte u ovom ukusnom i elegantnom predjelu!

10.Halloween Panda Sushi

SASTOJCI:
ZA SUSHI RICE:
- 2 šalice sushi riže
- 1/3 šalice rižinog octa
- 2 žlice šećera
- 1 žličica soli

ZA NADJEV:
- Kuhani i začinjeni rak ili imitacija raka (za tijelo)
- Kriške avokada (za oči i uši)
- Nori (morska trava) listovi
- Soja umak i wasabi za posluživanje

UPUTE:
ZA SUSHI RICE:
a) Isperite sushi rižu pod hladnom vodom dok voda ne postane bistra.
b) Skuhajte rižu prema uputama na pakiranju.
c) U malom loncu zagrijte rižin ocat, šećer i sol na laganoj vatri dok se šećer i sol ne otope. Neka se ohladi.
d) Nakon što je riža kuhana, prebacite je u veliku zdjelu. Postupno dodajte smjesu octa, nježno je ubacujući u rižu. Ostavite rižu da se ohladi na sobnoj temperaturi.

ZA PANDA SUSHI:
e) Uzmite dio riže za sushi i oblikujte ga u ovalni ili zaobljeni pravokutnik za tijelo pande.
f) Nori listove izrežite na male krugove za oči i manje krugove za uši.
g) Stavite nori krugove na rižu kako biste napravili oči.
h) Postavite kriške avokada iznad očiju kako biste napravili pandine uši.
i) Izrežite dodatne nori trake kako biste stvorili crte lica (nos i usta) i stavite ih na rižu.
j) Izrežite tanke trake norija da ih omotate oko tijela, stvarajući pandine ruke i noge.
k) Za svečani štih Noći vještica, upotrijebite male komadiće norija kako biste stvorili sablasni izraz na pandinom licu.
l) Po izboru, upotrijebite kuhanog i začinjenog raka ili imitaciju raka da napravite nadjev za tijelo pande.
m) Ponovite postupak za pripremu višestrukog panda sushija.
n) Poslužite panda sushi sa soja umakom i wasabijem za umakanje.

11. PB&J sendvič sushi

SASTOJCI:
- 2 kriške kruha (bijelog, pšeničnog ili po želji)
- Maslac od kikirikija
- Žele ili džem po izboru (grožđe, jagoda i sl.)
- Po želji: narezane banane ili jagode za dodatni okus i teksturu

UPUTE:
a) S šnita kruha odrežite korice.
b) Pomoću valjka poravnajte kriške kruha.
c) Ravnomjerno rasporedite sloj maslaca od kikirikija preko jedne strane spljoštenog kruha.
d) Namažite sloj želea ili džema na maslac od kikirikija.
e) Po želji uz rub kruha dodajte narezane banane ili jagode.
f) Pažljivo zarolajte kruh u čvrstu cjepanicu, počevši od ruba s maslacem od kikirikija i želeom.
g) Uvjerite se da je rolada čvrsta, ali ne pretijesna kako biste izbjegli gnječenje sastojaka.
h) Oštrim nožem narežite zarolani sendvič na komade veličine zalogaja koji podsjećaju na sushi rolice.
i) PB&J sushi rolice složite na tanjur i odmah poslužite.
j) Izborno: možete biti kreativni s dodatnim dodacima kao što su nasjeckani orašasti plodovi, kokosove pahuljice ili malo meda za dodatni okus.

12. HrenovkaSushi

SASTOJCI:
- Hrenovke
- Sushi riža
- Nori (morska trava) listovi
- Soja umak, za umakanje
- po izboru : kiseli krastavci, senf, kečap, kiseli kupus ili bilo koji drugi nadjev za hrenovke po želji

UPUTE:
PRIPREMA HRENOVKI:
a) Unaprijed zagrijte svoj roštilj ili tavu na štednjaku.
b) Hrenovke pecite na roštilju dok nisu potpuno pečene i dok ne dobiju lijepe tragove roštilja.
c) Hrenovke pečene na žaru prepolovite po dužini tako da napravite dvije duge trake.
d) Priprema **RIŽE ZA SUSHI:**
e) Isperite sushi rižu pod hladnom vodom dok voda ne postane bistra.
f) Skuhajte rižu prema uputama na pakiranju.
g) U malom loncu pomiješajte rižin ocat, šećer i sol. Zagrijte na laganoj vatri dok se šećer i sol ne otope.
h) Nakon što je riža kuhana, prebacite je u veliku zdjelu. Postupno dodajte smjesu octa, nježno je ubacujući u rižu. Ostavite rižu da se ohladi na sobnoj temperaturi.

SASTAVLJANJE HRENOVKASUSHIJA:
i) Stavite plastičnu foliju na bambusovu podlogu za motanje sushija.
j) Položite list norija na plastičnu foliju, sjajnom stranom prema dolje.
k) Navlažite ruke da se ne lijepe i raširite tanki sloj sushi riže preko norija, ostavljajući mali rub na vrhu.
l) Uz donji rub riže stavite trakicu pečene hrenovke.
m) Dodajte dodatke koje želite, kao što su kiseli krastavci, senf, kečap ili kiseli kupus.
n) Pomoću podloge od bambusa pažljivo zarolajte sushi, nježno ga pritiskajući da biste ga oblikovali u cilindar.
o) Začepite rub s malo vode.
p) Ponovite postupak s preostalim sastojcima.
q) Nakon što smotate, oštrim nožem narežite sushi roladu hrenovkana komade veličine zalogaja.
r) Rasporedite hrenovkasushi na tanjur za posluživanje.
s) Poslužite sa soja umakom za umakanje.

13. Sushi sa slaninom

SASTOJCI:
- 1/4 šalice sira
- 1 paprika babura
- 30 tater tots
- 10 trakica slanine
- 1 jaje

UPUTE:
a) Napravite tkanje slanine koristeći 5 traka po duljini i 5 traka po širini.
b) Pomiješajte jaje s tater tots i zgnječite ih zajedno.
c) Narežite papriku.
d) Rasporedite zgnječenu smjesu preko slanine, ostavljajući traku slanine nepokrivenu na vrhu. Po vrhu pospite cheddar sir i dodajte tanke ploške paprike.
e) Smotajte slaninu.
f) Pričvrstite roladu čačkalicama i pecite na 350°F 35 minuta.
g) Ostavite da se ohladi prije pažljivog rezanja na kolute.

14.Sushi za doručak s vaflima

SASTOJCI:
- 1/2 narezanog ananasa
- 1 narezana crvena kruška
- 6 narezanih jagoda
- 1 narezan mango
- 1 narezana banana
- 2 šalice smjese za vafle
- 1 1/3 šalice mlijeka
- 2 žlice biljnog ulja
- 1 jaje
- 1/4 šećera
- 6 oz tučenog krem sira
- javorov sirup
- Sprej za kuhanje
- pecivo, slatko, krema, kolač, pita, džem

UPUTE:
a) Narežite svoje voće na duge, tanke oblike kako bi dobro stajali u roladi.
b) Pomiješajte smjesu za vafle, mlijeko, jaja, biljno ulje i šećer u zdjeli srednje veličine.
c) Poprskajte pekač za vafle sprejom za kuhanje nakon što završite s predgrijavanjem. Žlicom dodajte smjesu za vafle malo po malo, pazeći da ne prepunite glačalo.
d) Kuhajte vafle 5 minuta, ili dok ne postanu mekani i rahli, ili inače po vašoj želji.
e) Oklagijom ravno zarolati vafle, pazeći da se ne zarolaju previše.
f) Svaku vafl namažite tučenim krem sirom dok ne dobijete ravnomjeran sloj.
g) Dodajte voće po svom izboru na vrh u redovima, držeći ih blizu jedno drugom. Počevši od strane s najviše punjenja, zarolajte vaflu u sebe, pazeći da nadjev i krem sir ostanu unutra.
h) Narežite roladu na dijelove.
i) Poslužite svoj sushi s vaflima s dodatkom javorovog sirupa za natapanje.

15. Jednorog sushi krafne

SASTOJCI:
RIŽA ZA SUSHI:
- 1 šalica sushi riže
- 1 1/2 šalice vode
- 1 žlica rižinog octa
- 1 žlica šećera
- 1/2 žlice soli

RIŽA ZA SUSHI JEDNOROG:
- 1 1/2 šalice riže za sushi, podijeljene u 3 zdjelice
- 1 žlica soka od kiselog kupusa ili repe
- 1/2–1 žlica E3 Live (ili 1/3 žličice spiruline)
- 1/2 žličice kurkume

DODACI:
- 1/2–1 avokada, narezanog na tanke ploške
- 2 žlice chipotle mayo (recept iz trgovine ili bez ulja ispod)
- Sjemenke sezama, za ukrašavanje + bilo koji drugi dodaci po izboru

CHIPOTLE "MAYO" BEZ ULJA:
- 1/2 šalice vode
- 1/2 šalice sirovih indijskih oraščića, namočenih preko noći
- 2 žlice adobo umaka, iz konzerve chipotle paprike u adobo
- 2 žlice paste od rajčice
- 2 žličice soka od limuna
- 1/4 žličice soli + još po ukusu

DODATNI PRELJEVI:
- 1/2-1 žlica avokada, narezanog na tanke ploške
- 2 žlice chipotle mayo (recept iz trgovine ili bez ulja ispod)
- 1 žlica sjemenki sezama, za ukrašavanje
- 1 žlica + neki drugi dodaci po izboru

ZA POSLUŽIVANJE (OPCIONALNO):
- Soja umak i nori kockice

UPUTE:
RIŽA ZA SUSHI:
a) Isperite rižu za sushi u finom cjedilu dok voda ne postane bistra, otprilike 2-3 puta. Stavite rižu u kuhalo za rižu ili srednji lonac s vodom i ostavite da se namače 30 minuta.
b) Dodajte rižu u kuhalo za rižu ili ploču za kuhanje. Za kuhanje riže na ploči za kuhanje: namočenu rižu zakuhajte, zatim je poklopite i kuhajte 20 minuta. Nakon kuhanja u loncu ili u kuhalu za rižu, maknite s vatre (s poklopcem!) i ostavite da stoji pokriveno 10 minuta.
c) Pomiješajte rižin ocat, šećer i sol u maloj tavi na srednje jakoj vatri i kuhajte dok se šećer ne rastopi, ali ne zavrije. Prelijte smjesu octa preko riže i promiješajte da se sjedini. Ohladite na sobnoj temperaturi prije posluživanja.

JEDNOROG SUSHI KRAFNE:
d) Rižu za sushi ravnomjerno podijelite u 3 zdjele (svaka po 1/2 šalice), zatim rasporedite kurkumu, sok od cikle i E3 Live (1 u svaku zdjelu). Presavijte dok se ravnomjerno ne sjedini, pokušavajući ne zgnječiti rižu.
e) Hladnu rižu za sushi nasumce rasporedite po pladnju za krafne, pazeći da ne prekrijete srednji otvor posude. Pritisnite rižu prema dolje tako da bude čvrsta, zatim okrenite tavu naopako da pažljivo uklonite kolutiće riže. Možda ćete rižu morati olabaviti žlicom prije nego što je izvadite.
f) Sushi krafne ukrasite avokadom, chipotle majonezom (recept u nastavku) i sjemenkama crnog sezama po želji, a zatim poslužite sa soja umakom i listom norija (po želji).

CHIPOTLE MAYO:
g) Stavite indijske oraščiće i njihovu vodu u blender i miksajte na srednjoj razini oko 30 sekundi, a zatim pojačajte. Miješajte dok umak više ne bude zrnat među prstima.
h) Dodajte chipotle adobo umak i ostale sastojke za umak.
i) Miješajte dok se ne sjedini, a zatim dodajte soli po ukusu.

16. Sushi rolice punjene krastavcima

SASTOJCI:
SUSHI:
- 2 krastavca
- 1 šalica nekuhane sushi riže (210 g)
- 1/2 čvrstog avokada, narezanog na ploške
- 1/4 crvene paprike, narezane na ploške
- 1/4 narančaste paprike, narezane na ploške
- Izborni dodaci: mrkva narezana na julienne, crveni kupus, klice, tofu ili mladi luk

ZAČINJENA MAJONEZA:
- 3 žlice majoneze (45 g)
- 1 žlica sriracha (15 g)

UPUTE:
a) Skuhajte rižu prema uputama na pakiranju.
b) Prerežite svaki krastavac na pola i uklonite sjemenke bilo malom žličicom ili nožem kako biste napravili dugu, šuplju cijev.
c) Vađenje unutrašnjosti krastavca.
d) Žlicom dodajte malu količinu riže, a zatim pomoću malog noža stisnite prema jednoj strani cijevi.
e) Umetnite krišku avokada i nekoliko kriški papra, zatim dodajte još riže da popunite praznine, sabijajte i dodajte još riže dok se ne napuni.
f) Punjenje krastavaca rižom i mrkvom.
g) Oštrim nožem narežite krastavac na komade debljine 1/2 inča. Ako počnete primjećivati da je nadjev labav dok režete, stavite još riže i paprike gdje je potrebno.
h) Poslužite uz svoje omiljene priloge za sushi, kao što je ljuti majonez, soja umak, ukiseljeni đumbir i wasabi.

17.Pljeskavica sa sirom Sushi

SASTOJCI:
- 3 peciva za hamburger
- 8 oz odrezak s boka
- 1 kriška sira
- 1/2 luka
- 4 oz glavice zelene salate
- 1 cijela rajčica
- 3 oz kečapa
- 3 oz senfa

UPUTE:
a) Ispecite šniclu dok ne bude pečena po želji.
b) Spljoštite peciva za hamburger na podlozi za sushi, stvarajući pravokutnik.
c) Stavite odrezak, sir, luk, zelenu salatu i rajčicu (ili dodatke po želji) na jednu stranu prostirke, a zatim zarolajte.
d) Narežite ga na male kolutiće, a zatim uživajte uz malo kečapa i senfa.

18. Banana Nutella Desert Sushi

SASTOJCI:
- 2 banane
- 2 palačinke
- 2-3 žlice Nutelle

UPUTE:
a) Zagrijte palačinke u tavi na srednje jakoj vatri oko 45 sekundi sa svake strane. Možete koristiti kupovne palačinke ili napraviti vlastite ovako.
b) Položite palačinku na ravnu površinu i obilato premažite Nutellom. Obavezno ostavite rub od 1/2 inča do kraja oko palačinke.
c) Ogulite bananu i stavite je na 1/4 palačinke, a zatim počnite zarolati palačinku.
d) Oštrim nožem izrežite rolat na 6-8 komada.
e) Stavite rolice na tanjur i uživajte u ukusnom banana nutella desert sushiju!

19. Sushi od banane i pistacija

SASTOJCI:
- 2 banane
- 70 g visokokvalitetne 72% tamne čokolade, otopljene
- 100 g pečenih pistacija, sitno nasjeckanih

UPUTE:
a) Banane ogulite i na oba kraja zabodite čačkalicu da ih lakše držite dok ih prelijevate čokoladom.
b) Banane preliti otopljenom čokoladom, pa posuti nasjeckanim pistaćima.
c) Stavite ih u zamrzivač na par minuta da se čokolada stisne.
d) Kad je čokolada dovoljno tvrda, oštrim nožem narežite banane na komade sushija veličine zalogaja.
e) Poslužite same ili s dodatnom otopljenom čokoladom za umakanje. Uživati!

20.Sushi Bombon

SASTOJCI:
- 1 poslastica od riže
- 1 Voćni Roll-Up
- 4-5 švedske ribe
- 4-5 gumenih crva

UPUTE:
a) Izrežite poslasticu Rice Krispie na četiri dijela.
b) Stavite jednu švedsku ribu na Rice Krispie poslasticu.
c) Voćni Roll-Up natrgajte na tanke trakice.
d) Zamotajte voćnu roladu oko poslastice od riže Krispie i švedske ribe.
e) Za varijaciju, pokušajte zamijeniti švedsku ribu gumenim crvima.

21. Čokoladna banana rolada

SASTOJCI:
- 2 zrele banane
- 1 šalica čokoladnog namaza s lješnjacima
- 1 šalica hrskavih rižinih pahuljica
- 4 lista rižinog papira

UPUTE:
a) Ogulite i narežite banane po dužini.
b) Na svaki list rižinog papira namažite čokoladni namaz od lješnjaka.
c) Stavite kriške banane na jedan rub rižinog papira.
d) Preko banana pospite hrskave rižine pahuljice.
e) Čvrsto smotajte rižin papir, slično roladi za sushi.
f) Narežite na komade veličine zalogaja i poslužite.

22.Sushi od jabuke i karamele

SASTOJCI:
- 2 jabuke, tanko narezane
- Karamel umak
- 1 šalica granole
- 4 tortilje

UPUTE:
a) Ravno položite tortilju i premažite slojem karamel umaka.
b) Na tortilju ravnomjerno stavite kriške jabuke.
c) Preko jabuka pospite granolu.
d) Čvrsto smotajte tortilju i narežite je na komade veličine sushija.
e) Po želji prelijte dodatnim karamel umakom.

23. Crepe sushi od zelenog čaja Matcha

SASTOJCI:
- 1 šalica višenamjenskog brašna
- 2 jaja
- 1 šalica mlijeka
- 1 žlica šećera
- 1 žličica matcha praha
- Pasta od slatkog crvenog graha
- Narezan kivi ili drugo voće

UPUTE:
a) U zdjeli pomiješajte brašno, jaja, mlijeko, šećer i matcha prah da napravite tijesto za palačinke.
b) Skuhajte tanke palačinke u tavi.
c) Svaku palačinku namažite pastom od slatkog crvenog graha.
d) Uz jedan rub stavite narezano voće i zarolajte palačinku.
e) Narežite na komade veličine sushija i poslužite.

24.Borovnica Bliss Mochi Sushi

SASTOJCI:
- 1 šalica ljepljivog rižinog brašna
- 1/4 šalice šećera
- 1 šalica borovnica
- Zaslađeno kondenzirano mlijeko
- Mochi omoti ili nori trake

UPUTE:
a) Pomiješajte ljepljivo rižino brašno i šećer, zatim kuhajte na pari dok se ne dobije ljepljivo tijesto.
b) Poravnajte mochi tijesto i stavite nekoliko borovnica u sredinu.
c) Savijte i oblikujte male pravokutnike poput sushija.
d) Prije posluživanja prelijte zaslađenim kondenziranim mlijekom.

25. Sushi rolice s limunom i borovnicom

SASTOJCI:
- 2 šalice kuhane sushi riže
- Korica od 1 limuna
- 1 šalica borovnica
- Kremasti sir
- Nori listovi

UPUTE:
a) U kuhanu sushi rižu umiješajte koricu limuna.
b) Nori listove namažite tankim slojem krem sira.
c) Stavite sushi rižu i borovnice na stranu krem sira.
d) Čvrsto zarolati i narezati na komade.

26. Sushi od voćnih palačinki sa svježim sirom

SASTOJCI:
ZA PALAČINKE:
- 1 šalica višenamjenskog brašna
- 2 žlice šećera
- 1 žličica praška za pecivo
- 1/2 žličice sode bikarbone
- 1/4 žličice soli
- 1 šalica mlaćenice
- 1 veliko jaje
- 2 žlice neslanog maslaca, otopljenog
- Sprej za kuhanje ili dodatni maslac za kuhanje

ZA PUNJENJE:
- Svježi sir
- Razno voće (jagode, kivi, mango, itd.), tanko narezano

OPCIONALNI PRELJEVI:
- Med
- Sjeckani orašasti plodovi (kao što su bademi ili pistacije)
- Listići mente za ukrašavanje

UPUTE:
a) U velikoj zdjeli pomiješajte brašno, šećer, prašak za pecivo, sodu bikarbonu i sol.
b) U posebnoj posudi umutite mlaćenicu, jaje i otopljeni maslac.
c) Ulijte mokre sastojke u suhe sastojke i miješajte dok se ne sjedine. Pazite da ne premiješate; nekoliko grudica je u redu.
d) Zagrijte rešetku ili tavu koja se ne lijepi na srednje jakoj vatri. Lagano ga premažite sprejom za kuhanje ili maslacem.
e) Ulijte 1/4 šalice tijesta na rešetku za svaku palačinku. Pecite dok se na površini ne stvore mjehurići, zatim okrenite i pecite drugu stranu dok ne porumeni. Ponavljajte dok sve palačinke ne budu pečene.

SASTAVITE VOĆNE SUSHI ROLICE:
f) Nakon što su palačinke dovoljno ohlađene da se njima može rukovati, svaku palačinku premažite slojem svježeg sira.
g) Uz jedan rub palačinke stavite tanke kriške raznog voća.
h) Pažljivo zarolajte palačinku preko voća, stvarajući sushi roladu. Pazite da bude čvrsto, ali nježno kako biste izbjegli lomljenje palačinke.
i) Oštrim nožem narežite roladu palačinke na komade veličine zalogaja koji podsjećaju na rolice za sushi.

OPCIONALNI PRELJEVI:
j) Pokapajte med po vrhu voćnih sushi rolica.
k) Pospite nasjeckane orašaste plodove za dodatnu hrskavost i okus.
l) Ukrasite listićima mente za svježi dodir.
m) Složite voćne sushi rolice na tanjur i odmah poslužite. Uživajte u ovom jedinstvenom i ukusnom zaokretu u sushiju!

27. Sushi s brazilskim orasima

SASTOJCI:
- 6 nori listića izrezati na široke trake
- ⅜ šalice brazilskih oraha
- 1 avokado
- 1 mala šalica kiselog kupusa

UPUTE:
a) Grubo nasjeckajte orahe, a avokado na kockice.
b) Pomiješajte s kiselim kupusom.
c) Stavite smjesu u nori trakice i preklopite.

EGZOTIČNE SUSHI ROLICE

28. Wagyu goveđe sushi rolice

SASTOJCI:
- 1 funta Wagyu govedine, tanko narezane
- 1 krastavac, narezan na ploške
- Sushi riža, 2 šalice
- Nori, 4 lista
- 2 mladog luka, narezana na ploške

SERVIRATI
- Umak od soje
- Wasabi

UPUTE:
a) Sushi rižu treba pripremiti prema uputama na pakiranju.
b) Na podlogu za sushi položite nori list i prekrijte ga rižom.
c) Na vrh riže posložite tanko narezanu govedinu Wagyu, krastavce i mladi luk.
d) Narežite sushi nakon što ga čvrsto smotate.
e) Wasabi i soja umak su besplatni.

29.Uni i Tobiko sushi rolice

SASTOJCI:
- 4 lista nori alge
- 2 šalice vode
- Sushi riža, 2 šalice
- 1 žličica soli
- ¼ šalice rižinog octa
- Šećer, 1 žlica
- ½ šalice Tobiko
- ½ šalice Uni/Morski jež
- 1 avokado, narezan
- 1 krastavac, narezan na ploške

SERVIRATI
- Ukiseljeni đumbir
- Umak od soje
- Wasabi

UPUTE:

a) U cjedilu s finom mrežicom ispirite rižu za sushi dok voda ne postane bistra. Zakuhajte rižu i vodu u loncu srednje veličine. Smanjite vatru na nisku i pokrijte čvrstim poklopcem nakon što počne kuhati. Kuhajte 15 minuta, zatim maknite s vatre i poklopljeno ostavite 10 minuta.

b) Napravite ocat za sushi dok se riža kuha tako da pomiješate rižin ocat, šećer i sol u malom loncu na laganoj vatri. Kuhajte dok se šećer i sol ne otope uz povremeno miješanje. Stavite sa strane da se ohladi.

c) Kada je riža gotova, stavite je u veliku zdjelu za miješanje i ostavite sa strane nekoliko minuta da se ohladi. Sushi ocat prelijte preko riže i lagano umiješajte.

d) Stavite list norija, sjajnom stranom prema dolje, na podlogu za sushi od bambusa. Pokrijte nori tankim slojem riže za sushi, ostavljajući rub od 1 inča na gornjem rubu.

e) Stavite avokado, krastavac, Tobiko i Uni na vrh riže. Čvrsto zarolajte sushi uz pomoć podloge. Kako biste poboljšali prianjanje, lagano namočite gornji rub norija.

f) Ponovite s preostalim sastojcima kako biste napravili četiri sushi rolice.

g) Poslužite sushi rolice u 8 komada sa soja umakom, wasabijem i ukiseljenim đumbirom.

30.Hamagari Sushi od školjki

SASTOJCI:
- 10 školjki Hamagari, očišćenih od krupice
- 200 ml sakea
- 40 ml octa
- 20 grama šećera
- 3 žlice soja umaka
- 4 žlice šećera
- 40 ml mirina
- 700 grama svježe kuhane riže
- ⅔ žličice soli

UPUTE:
a) Trljajte školjke školjki dok ih perete pod mlazom vode kako biste uklonili sluzave dijelove.
b) U posebnoj tavi zakuhajte sake za kuhanje nakon što su školjke kuhane. Pokrijte poklopcem i kuhajte školjke na pari 3-4 minute prije nego što ih izvadite iz posude. Tekućinu iz posude možete sačuvati i koristiti kasnije.
c) Otvorite školjke umetanjem noža u njih. Pažljivo izvadite meso kako ga ne biste ozlijedili.
d) Podesite stanje mesa i oštricom odlijepite meso s noge.
e) sastojke "A" u tavi s preostalim sokom školjki iz 2. koraka i pustite da zavrije na laganoj vatri dok se umak ne zgusne.
f) U drvenoj posudi pomiješajte rižu i "B" komponente. Ubacite sastojke "B" dok širite rižu.
g) Rukama i mješavinom octa oblikujte rižu za sushi u nigiri sushi. Završite tako što ćete umak premazati meso školjki i oblikovati ga u lijepe oblike.

31. Sushi rolice od jastoga

SASTOJCI:
- Sushi riža, 2 šalice
- 1 avokado, narezan
- ¼ šalice majoneze
- Nori, 4 lista
- 1 funta kuhanog mesa jastoga, nasjeckanog
- 1 krastavac, narezan na ploške

SERVIRATI
- ukiseljeni đumbir
- umak od soje

UPUTE:
a) Slijedite upute na pakiranju dok pripremate rižu za sushi.
b) Majonezu treba kombinirati s kuhanim mesom jastoga.
c) Na podlogu za sushi položite nori list, a zatim sloj riže.
d) Na vrh riže rasporedite smjesu jastoga, kriške avokada i kriške krastavca.
e) Čvrsto smotani sushi narežite nakon motanja.
f) Poslužite s ukiseljenim đumbirom i soja umakom.

32. Daikon rotkvica i omlet sushi

SASTOJCI:
ZA KUHANU SUŠU DAIKON ROTKVU
- 1 unca sušene daikon rotkvice, namočene i izrezane na duge trake
- ⅔ šalice temeljca za juhu dashi
- 3 žlice soja umaka
- Šećer, 2 žlice
- 1 žlica mirina

ZA OMLET OD JAJA
- 2 jaja
- 2 žličice šećera
- Canola ulje

ZA FUTOMAKI KIFLICE
- 4 lista norija
- 6 šalica pripremljene riže za sushi
- 1 manji krastavac, obrezan i prerezan po dužini

UPUTE:
a) U srednjem loncu pomiješajte temeljac od dashi juhe, sojin umak, šećer i mirin.
b) Zakuhajte u loncu srednje veličine.
c) Dodajte kanpyo i kuhajte na laganoj vatri dok gotovo sva tekućina ne ispari. Ohladite ga.

ZA TAMAGOYAKI
d) U maloj zdjelici umutiti jaja i šećer.
e) U maloj tavi zagrijte ulje uljane repice, tako da prekrijete jelo. Napravite tanki sloj umiješanjem smjese od jaja.
f) Nakon toga omlet od jaja saviti ili polako zarolati u deblju roladu.
g) Izvadite iz tepsije i ostavite da se ohladi. Napravite od njega dugačke štapiće.
h) Pokrijte prostirku od bambusa komadom plastične folije.

ZA FUTOMAKI SUSHI ROLE
i) Na prostirku od bambusa stavite veliki list pečene, osušene morske trave preko plastične folije.
j) Ravnomjerno rasporedite četvrtinu šalice riže za sushi preko lista suhe morske trave.
k) Rasporedite štapiće krastavca, omlet i kanpyo vodoravno na rižu u sredini. Sushi treba oblikovati u cilindar zarolanjem bambusove prostirke i pritiskom prema naprijed.
l) Uklonite podlogu od bambusa sa sushija snažnim pritiskom.
m) Smotani Futomaki sushi narežite na komade koji su dovoljno mali za jelo.
n) Sushi roladu narežite na komade veličine zalogaja oštrim, mokrim nožem.
o) Poslužite sushi s wasabijem i soja umakom na pladnju.

33. Sushi rolice od dimljenog lososa i krem sira

SASTOJCI:
- 1 funta dimljenog lososa, narezanog na kriške
- 4 unce krem sira
- Sushi riža, 2 šalice
- Nori, 4 lista
- 1 krastavac, narezan na ploške

SERVIRATI
- Umak od soje
- Wasabi

UPUTE:
a) Skuhajte sushi rižu prema uputama na pakiranju.
b) Nori list namažite tankim slojem krem sira.
c) Na vrh krem sira naslažite dimljeni losos i krastavac.
d) Sushi čvrsto zarolajte i narežite na komade veličine zalogaja.
e) Poslužite uz wasabi i soja umak.

34.Sushi rolice od tune i manga

SASTOJCI:
- 1 funta svježe tune, narezane na kriške
- Nori, 4 lista
- 1 zreli mango, narezan na kriške
- Sushi riža, 2 šalice

SERVIRATI
- Umak od soje
- Wasabi

UPUTE:
a) Skuhajte sushi rižu prema uputama na pakiranju.
b) Rasporedite rižu po nori listu na podlozi za sushi.
c) Stavite kriške tune i manga na vrh riže.
d) Sushi čvrsto zarolajte i narežite na komade veličine zalogaja.
e) Poslužite uz wasabi i soja umak.

35.Pikantna rolada od gljiva Shiitake

SASTOJCI:
- 1 šalica riže za sushi, kuhane
- 1 žlica rižinog octa
- 1 šalica kukuruznog škroba
- biljno ulje
- Šećer, 1 žlica
- ½ žlice soli
- 7 većih suhih shiitake gljiva, namočenih u vrućoj vodi, ocijeđenih i narezanih na trakice
- 2 žličice Ener-G, pomiješane s 5 žlica vode
- 2 lista nori
- 2 žlice sriracha, pomiješane s 1-2 žlice Vegenaise

UKRASITI
- mljevena crvena paprika

SERVIRATI
- ukiseljeni đumbir
- umak od soje

UPUTE:
a) U velikoj staklenoj zdjeli pomiješajte kuhanu rižu, rižin ocat, šećer i sol i stavite u mikrovalnu pećnicu 10-15 sekundi.
b) Dobro promiješajte i ostavite sa strane.
c) U malom loncu na srednje jakoj vatri zagrijte dovoljno ulja.
d) Kad je ulje spremno, umočite nekoliko kriški gljiva u smjesu Ener-G prije nego što ih obložite kukuruznim škrobom.
e) Nakon 2 minute u ulju, ocijedite.
f) Na podlogu za sushi stavite list norija.
g) Nanesite jednolični sloj riže na lim.
h) Vrhovima prstiju ravnomjerno podijelite rižu.
i) Polovicu šampinjona stavite na kraći kraj nori lista.
j) Nakon što ga premažete smjesom sriracha-vegenaise, polako i pažljivo zarolajte da bude što čvršće.
k) Iseći na 8 rolata.
l) Poslužite sa soja umakom i ukiseljenim đumbirom, a zatim pospite mljevenom crvenom paprikom.

36.Sushi rolada od avokada i krastavaca

SASTOJCI:
RIŽA ZA SUSHI
- 1 šalica smeđe riže kratkog zrna, kuhana
- 2 žlice rižinog octa
- Šećer, 1 žlica
- 1 žličica morske soli

ZA ROLNICE:
- ⅓ šalice mikrozelenja, po želji
- 1 krastavac, narezan na duge trakice
- 1 zreli mango, narezan na okomite trake
- Nori, 4 lista
- 1 avokado, narezan
- 2 žlice sjemenki sezama, po želji

SERVIRATI:
- Umak od kokosa i kikirikija, tamari ili ponzu umak

UPUTE:
RIŽA ZA SUSHI:
a) Kuhanu rižu promiješajte vilicom prije dodavanja soli, šećera i rižinog octa.
b) Staviti na stranu.

ZA SASTAVLJANJE:
c) Stavite jedan nori list, sjajnom stranom prema gore, na podlogu od bambusa i napunite malo riže u donje dvije trećine.
d) Slojeviti nadjeve na vrh.
e) Zamotajte nori u bambusovu prostirku.
f) Oblikovati i lagano pritisnuti rolat.
g) Sushi narežite na ploške.
h) Poslužite s umakom od kokosa i kikirikija, tamari ili ponzu umakom sa strane.

37. Začinjene sushi rolice s jakom kapicom

SASTOJCI:
- 1 funta svježih jakobovih kapica, nasjeckanih
- ¼ šalice majoneze
- Sriracha umak
- Sushi riža, 2 šalice
- Nori, 4 lista

SERVIRATI
- Umak od soje
- Wasabi

UPUTE:
a) Skuhajte sushi rižu prema uputama na pakiranju.
b) Pomiješajte jakobove kapice, majonezu i Sriracha umak u zdjeli za miješanje.
c) Rasporedite rižu po nori listu na podlozi za sushi.
d) Prelijte rižu mješavinom jakobovih kapica.
e) Sushi čvrsto zarolajte i narežite na komade veličine zalogaja.
f) Poslužite uz wasabi i soja umak.

38. Sushi rolice od rakova i avokada

SASTOJCI:
- Nori, 4 lista
- 1 funta mesa rakova
- Sushi riža, 2 šalice
- 1 avokado, narezan

SERVIRATI
- Umak od soje
- Wasabi

UPUTE:
a) Skuhajte sushi rižu prema uputama na pakiranju.
b) Rasporedite rižu po nori listu na podlozi za sushi.
c) Meso rakovice i ploške avokada rasporedite po riži.
d) Sushi čvrsto zarolajte i narežite na komade veličine zalogaja.
e) Poslužite uz wasabi i soja umak.

39. Sushi od glaziranog patlidžana

SASTOJCI:
- 1½ šalice pripremljene tradicionalne sushi riže
- 1 manji japanski patlidžan, narezan na ploške
- Ulje za kuhanje
- Soja umak, 1 žlica
- ½ žličice tamnog sezamovog ulja
- ½ žličice miso paste
- Rižin ocat, 1 žličica
- 1 žličica prženih sjemenki sezama
- 1 žličica mljevenog mladog luka, samo zeleni dijelovi

UPUTE:
a) Započnite s pravljenjem sushi riže.
b) Zagrijte pećnicu na 350°F.
c) Na tepsiju stavite papir za pečenje.
d) U maloj posudi pomiješajte sojin umak, tamno sezamovo ulje, miso pastu i rižin ocat.
e) Smjesom namažite obje strane ploški patlidžana.
f) Komade ravno stavite na pleh obložen papirom za pečenje.
g) Kuhajte 7 minuta. Pustite da se kriške patlidžana potpuno ohlade.
h) Postavite podlogu od bambusa na vrh plastične folije.
i) S kriškama patlidžana napravite vodoravni red preko plastične folije.
j) Mokrim prstima rasporedite sushi rižu preko patlidžana.
k) Pokrijte rižu za sushi plastičnom folijom.
l) Okrenite svežanj plastične folije naopako tako da riža bude na dnu.
m) Oblikujte sushi u pravokutnik koristeći podlogu za motanje od bambusa.
n) Sushi razrežite na 8 dijelova tako što ćete prorezati plastičnu foliju.
o) Pažljivo uklonite plastični omot.
p) Za posluživanje složite komade na tanjur za posluživanje.
q) Pospite komade susamom i mladim lukom.

40.Sushi rolice od jegulje i krastavaca

SASTOJCI:
- 1 funta kuhane i narezane jegulje
- Sushi riža, 2 šalice
- Nori, 4 lista
- Krastavac, narezan na ploške
- Unagi umak

SERVIRATI
- Umak od soje
- Wasabi
- Sushi đumbir

UPUTE:
a) Skuhajte sushi rižu prema uputama na pakiranju.
b) Rasporedite rižu po nori listu na podlozi za sushi.
c) Na rižu stavite kriške jegulje i krastavca.
d) Jegulju i rižu prelijte Unagi umakom.
e) Sushi čvrsto zarolajte i narežite na komade veličine zalogaja.
f) Poslužite uz omiljene priloge.

41.Hrskavi enoki rolat od gljiva

SASTOJCI:
ZA RIŽU ZA SUSHI
- Rižin ocat, 1 žličica
- Šećer, 1 žličica
- Sol, ½ žličice
- 1 šalica riže za sushi, kuhane

ZA ENOKI GLJIVE
- Svežanj enoki gljiva od 7 unci, razlomljen na 8 dijelova
- 1 šalica vode
- 2 žlice Ener-G
- 1 šalica kukuruznog škroba, plus još ako je potrebno
- puno repičinog, biljnog ulja ili ulja od sjemenki grožđa

ZA SASTAVLJANJE
- 4 prepečena lista nori
- 4 žlice bijelog sezama
- 4 žlice veganske majoneze
- 4 žlice sriracha
- 8 listova shiso
- 1 žlica sjemenki crnog sezama, za ukrašavanje

UPUTE:
a) Pomiješajte rižu s rižinim octom, šećerom i soli po ukusu.
b) Za pripremu gljiva zagrijte dovoljno ulja u pećnici na srednje jakoj vatri.
c) U maloj, plitkoj zdjeli pomiješajte vodu i Ener-G, zatim stavite dva komada Enokija u smjesu i bacite da pokrije.
d) Nježno ga rukama ubacite u kukuruzni škrob.
e) Pržite gljive na ulju oko tri minute, okrećite ih jednom ili dvaput.
f) Pržene gljive stavite na papirnati ubrus, pospite solju i ostavite sa strane da se ocijede.
g) Za gradnju ohlađenu rižu podijelite na četiri dijela.
h) Stavite jedan nori list, sjajnom stranom prema dolje, na podlogu omotanu plastikom.
i) Namočite rižu u vodi prije nego što je ravnomjerno rasporedite po nori listu.
j) Na vrh stavite 1 žlicu sjemenki sezama.
k) Pomiješajte majonezu i srirachu.
l) Jednu žlicu umaka rasporedite u red na kraj riže koji vam je najbliži.
m) Na oba kraja rolade stavite list shisoa.
n) Odrežite grubu podlogu na kraju gljive i dva komada Enokija obložite listom shisho, a zatim skuhajte gljivu kao i obično.
o) Rolajte sushi čvrstim, ali nježnim stiskom na podlozi.
p) Koristite vodu za brtvljenje kraja.
q) Sushi narežite na osam dijelova tako da ga prepolovite, pa opet na pola.
r) Završite sjemenkama crnog sezama i još sriracha majoneze.

42. Sushi rolice od kavijara i krem sira

SASTOJCI:
- 1 unca kavijara
- 4 unce krem sira
- Sushi riža, 2 šalice
- Nori, 4 lista

SERVIRATI
- Umak od soje
- Wasabi

UPUTE:
a) Skuhajte sushi rižu prema uputama na pakiranju.
b) Nori list namažite tankim slojem krem sira.
c) Krem sir prelijte malom količinom kavijara.
d) Na vrh kavijara i krem sira poslažite rižu za sushi.
e) Sushi čvrsto zarolajte i narežite na komade veličine zalogaja.
f) Poslužite uz wasabi i soja umak.

43.Tuna Tartare Sushi Kiflice

SASTOJCI:
- 1 funta svježe tune, narezane na kockice
- Nori listovi
- Avokado, narezan
- Sriracha, 1 žlica umaka
- Soja umak, 1 žlica
- Sushi riža
- 2 žlice majoneze
- Krastavac, narezan na ploške

SERVIRATI
- Umak od soje
- Wasabi

UPUTE:
a) Pomiješajte tunjevinu narezanu na kockice, majonezu, sriracha umak i sojin umak u posudi za miješanje.
b) Skuhajte sushi rižu prema uputama na pakiranju.
c) Rasporedite rižu po nori listu na podlozi za sushi.
d) Na rižu stavite tartar od tune, kriške avokada i kriške krastavca.
e) Sushi čvrsto zarolajte i narežite na komade veličine zalogaja.
f) Poslužite uz wasabi i soja umak.

44. Mekana školjka Crab Sushi Kiflice

SASTOJCI:
- Sushi riža
- 4 raka s mekim oklopom
- Nori listovi
- Avokado, narezan
- 1 jaje
- 1 šalica višenamjenskog brašna
- ½ šalice kukuruznog škroba
- 1 šalica panko krušnih mrvica

SERVIRATI
- Umak od soje
- Wasabi

UPUTE:

a) U zdjeli za miješanje pomiješajte višenamjensko brašno, kukuruzni škrob, jaje i vodu da napravite tijesto.
b) Umočite mekane rakove u tijesto, a zatim u panko krušne mrvice.
c) Na ulju popržite mekane rakove dok ne porumene.
d) Skuhajte sushi rižu prema uputama na pakiranju.
e) Rasporedite rižu po nori listu na podlozi za sushi.
f) Na rižu posložite prženu rakovicu i kriške avokada.
g) Sushi čvrsto zarolajte i narežite na komade veličine zalogaja.
h) Poslužite uz wasabi i soja umak.

45. Jakobove kapice i Tobiko sushi rolice

SASTOJCI:
- ½ funte svježe jakobove kapice, narezane na kriške
- Sushi riža
- Nori listovi
- 2 žlice majoneze
- sriracha umaka, 2 žlice
- Tobiko/ikra leteće ribe

SERVIRATI
- Umak od soje
- Wasabi

UPUTE:
a) Pomiješajte narezane jakobove kapice, majonezu i sriracha umak u posudi za miješanje.
b) Skuhajte sushi rižu prema uputama na pakiranju.
c) Rasporedite rižu po nori listu na podlozi za sushi.
d) Prelijte rižu mješavinom jakobovih kapica i tobikom.
e) Sushi čvrsto zarolajte i narežite na komade veličine zalogaja.
f) Poslužite uz wasabi i soja umak.

46. Toro i kavijar sushi

SASTOJCI:
- Sushi riža, 2 šalice
- Nori, 4 lista
- 1 unca kavijara
- ½ funte toroa (masne tune)

SERVIRATI
- Umak od soje
- Wasabi

UPUTE:
a) Skuhajte sushi rižu prema uputama na pakiranju, a zatim je ostavite sa strane da se ohladi.
b) Odložite toro kriške koje ste narezali na tanke ploške.
c) Raširite sloj riže za sushi preko lista morske trave na podlozi za sushi, ostavljajući rub od 1 inča na vrhu.
d) Na vrh riže stavite nekoliko kriški toroa i malo kavijara.
e) Koristeći podlogu za sushi, čvrsto smotajte sushi, navlaživši gornju granicu listova morske trave vodom kako biste zatvorili rolu.
f) Poslužite roladu u komadima veličine zalogaja uz soja umak i wasabi.

47.Sushi s uljem jastoga i tartufa

SASTOJCI:
- Sushi riža, 2 šalice
- 2 žličice ulja od tartufa
- Nori, 4 lista
- ½ funte kuhanog mesa jastoga

SERVIRATI
- ukiseljeni đumbir
- umak od soje

UPUTE:
a) Skuhajte sushi rižu prema uputama na pakiranju, a zatim je ostavite sa strane da se ohladi.
b) Meso jastoga prelijte uljem od tartufa na komade veličine zalogaja.
c) Raširite sloj riže za sushi preko lista morske trave na podlozi za sushi, ostavljajući rub od 1 inča na vrhu.
d) Na rižu rasporedite komade jastoga.
e) Koristeći podlogu za sushi, čvrsto smotajte sushi, navlaživši gornju granicu listova morske trave vodom kako biste zatvorili rolu.
f) Poslužite roladu u komadićima veličine zalogaja uz ukiseljeni đumbir i soja umak.

48. Foie Gras i Sushi od smokava

SASTOJCI:
- Nori, 4 lista
- Sushi riža, 2 šalice
- ¼ funte foie grasa
- 4 svježe smokve

SERVIRATI
- Umak od soje
- Wasabi

UPUTE:
a) Skuhajte sushi rižu prema uputama na pakiranju, a zatim je ostavite sa strane da se ohladi.
b) Foie gras ostaviti sa strane koju treba narezati na tanke ploške.
c) Svježe smokve narežite na komade veličine zalogaja.
d) Raširite sloj riže za sushi preko lista morske trave na podlozi za sushi, ostavljajući rub od 1 inča na vrhu.
e) Na vrh riže stavite nekoliko kriški foie grasa i komadiće svježe smokve.
f) Koristeći podlogu za sushi, čvrsto smotajte sushi, navlaživši gornju granicu listova morske trave vodom kako biste zatvorili rolu.
g) Poslužite roladu u komadima veličine zalogaja uz soja umak i wasabi.

49. Uni i Wagyu Govedina Sushi

SASTOJCI:
- Sushi riža, 2 šalice
- Nori, 4 lista
- ¼ funte uni/morskog ježa
- ¼ funte Wagyu govedine

SERVIRATI
- Umak od soje
- Wasabi

UPUTE:
a) Skuhajte sushi rižu prema uputama na pakiranju, a zatim je ostavite sa strane da se ohladi.
b) Ostavite Wagyu meso narezano na tanke ploške.
c) Na lim od algi namažite sloj uni.
d) Na vrh jedinice stavite nekoliko kriški Wagyu govedine.
e) Koristeći podlogu za sushi, čvrsto smotajte sushi, navlaživši gornju granicu listova morske trave vodom kako biste zatvorili rolu.
f) Poslužite roladu u komadima veličine zalogaja uz soja umak i wasabi.

50.Sushi Nigiri od rotkvica i škampa

SASTOJCI:
- Sushi riža
- Rotkvice, tanko narezane
- Kuhani škampi
- Soja umak za umakanje

UPUTE:
a) Uzmite malu količinu riže za sushi i oblikujte je u mali pravokutni blok.
b) Stavite krišku rotkvice na vrh rižinog bloka.
c) Rotkvicu nadjenite kuhanim škampima.
d) Ponovite s preostalim sastojcima.
e) Poslužite sushi nigiri sa soja umakom za umakanje.

51.Sushi od kraljevskog raka i avokada

SASTOJCI:
- Sushi riža, 2 šalice
- 1 avokado
- Nori, 4 lista
- ½ funte mesa kraljevskog raka

SERVIRATI
- ukiseljeni đumbir
- umak od soje

UPUTE:
a) Skuhajte sushi rižu prema uputama na pakiranju, a zatim je ostavite sa strane da se ohladi.
b) Napravite sitne kriške mesa kraljevskog raka.
c) Narežite avokado na tanke ploške.
d) Raširite sloj riže za sushi preko lista morske trave na podlozi za sushi, ostavljajući rub od 1 inča na vrhu.
e) Na rižu posložite kraljevskog raka i avokado.
f) Koristeći podlogu za sushi, čvrsto smotajte sushi, navlaživši gornju granicu listova morske trave vodom kako biste zatvorili rolu.
g) Poslužite roladu u komadićima veličine zalogaja uz ukiseljeni đumbir i soja umak.

52.Sushi od brancina i tartufa

SASTOJCI:
- Sushi riža, 2 šalice
- ½ funte brancina
- 2 žličice ulja od tartufa
- Nori, 4 lista

SERVIRATI
- Umak od soje
- Wasabi

UPUTE:
a) Skuhajte sushi rižu prema uputama na pakiranju, a zatim je ostavite sa strane da se ohladi.
b) Brancin narezan na tanke ploške prelijte uljem od tartufa.
c) Raširite sloj riže za sushi preko lista morske trave na podlozi za sushi, ostavljajući rub od 1 inča na vrhu.
d) Ploške brancina rasporedite po riži.
e) Koristeći podlogu za sushi, čvrsto smotajte sushi, navlaživši gornju granicu listova morske trave vodom kako biste zatvorili rolu.
f) Poslužite roladu u komadima veličine zalogaja uz soja umak i wasabi.

53. Sushi s patkom i hoisin umakom

SASTOJCI:
- Sushi riža, 2 šalice
- Nori, 4 lista
- ½ funte kuhanih pačjih prsa
- 2 žlice hoisin umaka

SERVIRATI
- Umak od soje
- Wasabi

UPUTE:
a) Skuhajte sushi rižu prema uputama na pakiranju, a zatim je ostavite sa strane da se ohladi.
b) Pomiješajte kuhana pačja prsa u male komadiće s umakom od hoisina.
c) Raširite sloj riže za sushi preko lista morske trave na podlozi za sushi, ostavljajući rub od 1 inča na vrhu.
d) Rasporedite komade patke na rižu.
e) Koristeći podlogu za sushi, čvrsto smotajte sushi, navlaživši gornju granicu listova morske trave vodom kako biste zatvorili rolu.
f) Poslužite roladu u komadima veličine zalogaja uz soja umak i wasabi.

54. Masni sushi od lososa i avokada

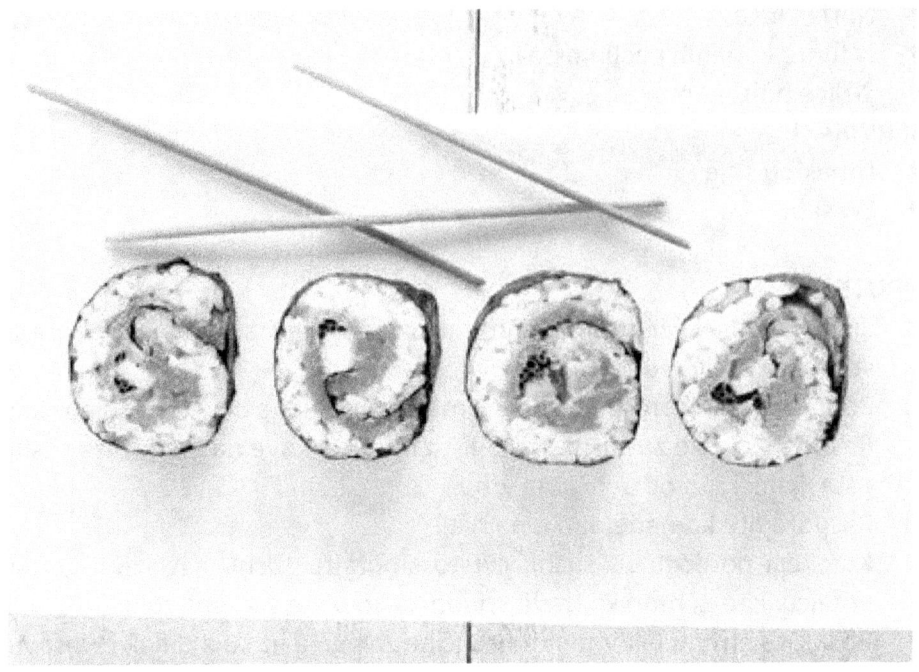

SASTOJCI:
- ½ funte masnog lososa
- Sushi riža, 2 šalice
- 1 avokado
- Nori, 4 lista

SERVIRATI
- Umak od soje
- Wasabi

UPUTE:
a) Skuhajte sushi rižu prema uputama na pakiranju, a zatim je ostavite sa strane da se ohladi.
b) Napravite sitne kriške masnog lososa.
c) Narežite avokado na tanke ploške.
d) Raširite sloj riže za sushi preko lista morske trave na podlozi za sushi, ostavljajući rub od 1 inča na vrhu.
e) Na rižu posložite masniji losos i avokado.
f) Koristeći podlogu za sushi, čvrsto smotajte sushi, navlaživši gornju granicu listova morske trave vodom kako biste zatvorili rolu.
g) Poslužite roladu u komadima veličine zalogaja uz soja umak i wasabi.

55.Sushi od jegulje i avokada

SASTOJCI:
- Sushi riža, 2 šalice
- ½ funte kuhane jegulje
- 1 avokado
- Nori, 4 lista

SERVIRATI
- Umak od soje
- Wasabi

UPUTE:
a) Skuhajte sushi rižu prema uputama na pakiranju, a zatim je ostavite sa strane da se ohladi.
b) Kuhanu jegulju treba izrezati na tanke ploške.
c) Narežite avokado na tanke ploške.
d) Raširite sloj riže za sushi preko lista morske trave na podlozi za sushi, ostavljajući rub od 1 inča na vrhu.
e) Na rižu rasporedite jegulju i avokado.
f) Koristeći podlogu za sushi, čvrsto smotajte sushi, navlaživši gornju granicu listova morske trave vodom kako biste zatvorili rolu.
g) Poslužite roladu u komadima veličine zalogaja uz soja umak i wasabi.

56. Sushi od jastoga i kavijara

SASTOJCI:
- Sushi riža, 2 šalice
- ½ funte kuhanog mesa jastoga
- 2 žlice kavijara
- Nori, 4 lista

SERVIRATI
- Umak od soje
- Wasabi

UPUTE:
a) Skuhajte sushi rižu prema uputama na pakiranju, a zatim je ostavite sa strane da se ohladi.
b) Kuhano meso jastoga treba sitno narezati.
c) Prekrijte sushi rižu tankim slojem kavijara.
d) Raširite sloj riže za sushi preko lista morske trave na podlozi za sushi, ostavljajući rub od 1 inča na vrhu.
e) Na rižu rasporedite meso jastoga.
f) Koristeći podlogu za sushi, čvrsto smotajte sushi, navlaživši gornju granicu listova morske trave vodom kako biste zatvorili rolu.
g) Poslužite roladu u komadima veličine zalogaja uz soja umak i wasabi.

57. Sushi rolada od crne riže s tofuom i povrćem

SASTOJCI:
- 1 list nori alge
- ½ šalice crne riže, kuhane
- ¼ šalice čvrstog tofua narezanog na kockice
- juliened mrkve, ¼ šalice
- juliened krastavac, ¼ šalice
- Sjemenke sezama, 1 žlica

SERVIRATI
- Soja umak za umakanje

UPUTE:
a) Slijedite upute na pakiranju za kuhanje crne riže.
b) Pokrijte nori alge kuhanom crnom rižom, ostavljajući rub od 1 inča na gornjem rubu.
c) Na vrh riže rasporedite tofu narezan na kockice, mrkvu i julien krastavac.
d) Odozgo pospite sezamom.
e) Koristeći podlogu za sushi, čvrsto smotajte sushi.
f) Poslužite sushi u komadima sa soja umakom za umakanje.

58.Sushi rolada od jegulje i avokada na žaru

SASTOJCI:
- 1 list nori alge
- ¼ avokada, narezanog
- ½ šalice sushi riže
- 2 unce jegulje na žaru, narezane na kriške
- umaka unagi, 1 žlica

SERVIRATI
- Soja umak za umakanje

UPUTE:
a) Rižu za sushi pripremite prema uputama na pakiranju.
b) Pokrijte nori alge kuhanom rižom, ostavljajući rub od 1 inča na gornjem rubu.
c) Na rižu stavite pečenu jegulju i ploške avokada.
d) Po vrhu prelijte unagi umakom.
e) Koristeći podlogu za sushi, čvrsto smotajte sushi.
f) Poslužite sushi u komadima sa soja umakom za umakanje.

59. Sushi rolada od rotkvica i povrća

SASTOJCI:
- Listovi nori algi
- Sushi riža
- Rotkvice, tanko narezane
- Mrkva, julienned
- Krastavac, julienned
- Avokado, narezan
- Soja umak za umakanje

UPUTE:
a) Položite list norija na podlogu za sushi od bambusa.
b) Rasporedite sloj riže za sushi na nori, ostavljajući mali rub na vrhu.
c) Na sredinu riže stavite kriške rotkvice, julieniranu mrkvu, juliened krastavac i kriške avokada.
d) Čvrsto smotajte sushi pomoću podloge od bambusa.
e) Narežite na komade veličine zalogaja i poslužite uz soja umak.

60. ushi od tune i soje

SASTOJCI:
RIŽA ZA SUSHI:
- 2 šalice za kuhanje riže japanske riže kratkog zrna
- 1 komad kombu
- 4 žlice rižinog octa
- Šećer, 2 žlice
- 1 žlica soli
- Voda

SUSHI ROLICE:
- 1 perzijski/japanski krastavac
- 6,8 unci sashimi tunjevine
- 1 kutija fermentirane soje
- 5 listova nori

SERVIRATI
- Umak od soje
- Wasabi
- Sushi đumbir

UPUTE:

a) Isperite rižu mnogo puta kako biste uklonili što više škroba, a zatim je potopite najmanje 30 minuta u vodi.
b) Skuhajte rižu u kuhalu za rižu s odgovarajućom količinom vode.
c) U malom loncu pomiješajte rižin ocat, sol i šećer i pustite da zavrije na srednje jakoj vatri, neprestano miješajući dok se šećer ne otopi. Ostaviti da se ohladi.
d) Prebacite kuhanu rižu u navlaženu posudu s ravnim dnom, umiješajte ocat za sushi i ostavite sa strane.
e) Pokrijte posudu vlažnom krpom i odložite je.
f) Za pripremu hosomakija prerežite krastavac po dužini na pola, pa opet na pola.
g) Nakon što je tuna narezana na komade od 1/4 - 1/2 ", narežite te komade na duge trake debljine 1/4 - 1/2".
h) Začinite natto sojinim umakom ili začinom iz pakiranja, zatim miješajte dok ne postane ljepljiv.
i) Pomiješajte 1/4 šalice vode i 1 žlicu rižinog octa u maloj posudi. Uronite ruke u vodu zakiseljenu da se riža ne zalijepi.
j) Prerežite dužu stranu pravokutne alge na pola. Stavite polovicu plahte na podlogu za sushi od bambusa, sjajnom stranom prema dolje, s dužom stranom paralelnom sa stranom podloge koja vam je najbliža. Na susjednoj strani ostavite vidljive 3-4 letvice.
k) Namočite mjernu posudu vodom s octom i zagrabite 1/2 šalice u mokru ruku. Raširite rižu preko lijevog središta nori lista, ostavljajući 1" prostora duž gornjeg ruba.
l) Stavite jedan nadjev u sredinu riže i zarolajte sushi preko njega, spustite se na rub sloja riže, držeći ga prstima. Kroz podlogu lagano oblikujte i zategnite rolat.
m) Nakon što uklonite podlogu, ponovno zarolajte sushi kako biste učvrstili rub od algi.
n) Izrežite roladu na 6 dijelova, neprestano vlažeći nož vlažnom krpom.
o) Poslužite s raznim začinima.

61. Sushi od mrkve i avokada

SASTOJCI:
ZA RIŽU ZA SUSHI
- Sol, ½ žličice
- 1 šalica riže za sushi, kuhane
- Rižin ocat, 1 žličica
- Šećer, 1 žličica

ZA NADJEV
- 1 šalica pripremljenog loksa od mrkve
- 1 žlica veganske majoneze
- Sriracha, 1 žlica
- ½ avokada, narezanog
- 4 prepečena lista nori

UPUTE:
a) Rižu za sushi pomiješajte sa šećerom, soli i rižinim octom po ukusu.
b) Da biste napravili nadjev, pomiješajte vegansku majonezu, srirachu i veganski loks.
c) Za sastavljanje ohlađenu rižu podijelite na četiri polovice.
d) Stavite jedan nori list, sjajnom stranom prema dolje, na podlogu omotanu plastikom.
e) Navlažite prste vodom nakon što ravnomjerno rasporedite rižu po nori listu kako se ne bi zalijepila.
f) Lox izrežite na četiri jednaka dijela.
g) Dodajte nekoliko kriški avokada i tanku liniju loksa duž strane koja vam je najbliža, s izloženim krajem okrenutim od vas.
h) Rolajte sushi čvrstim, ali nježnim stiskom na podlozi.
i) Zatvorite kraj vodom.
j) Sushi narežite na osam dijelova tako da ga prepolovite, a zatim svaku polovicu prepolovite.
k) Poslužiti na tanjur.
l) Prelijte ukiseljenim đumbirom, wasabijem i soja umakom.

62. Vege rolada od smeđe riže

SASTOJCI:
- 1 ½ šalice smeđe basmati riže
- 1 žlica rižinog octa
- Nori, 4 lista
- 1 engleski krastavac, narezan na trakice
- 1 ½ žlice sjemenki sezama
- 3 ½ šalice vode
- 1 žlica meda
- ¾ avokada
- 8 listova zelene salate
- 1 šalica mrkve

UPUTE:
a) Rižu dobro operite i kuhajte na laganoj vatri 30 do 45 minuta.
b) Kuhanu rižu ostavite desetak minuta da odstoji.
c) Pomiješajte med i rižin ocat u srednjoj posudi za miješanje.
d) U ovu smjesu dodajte kuhanu rižu i snažno miješajte dok zrna riže ne budu ravnomjerno obložena.
e) Za pripremu sushija ili rolica kuhanu rižu ravnomjerno rasporedite po komadu norija.
f) Uz rižu pomiješajte dva lista zelene salate, avokado, mrkvu i krastavac.
g) Umiješajte malo prženih sjemenki sezama.
h) List zarolajte u roladu i provjerite jesu li svi sastojci dobro zamotani.
i) Zarolati do kraja.
j) Narežite rolice i poslužite s omiljenim kiselim krastavcima i začinima.

63. Sushi rolada s kvinojom i avokadom

SASTOJCI:
- 1 list nori alge
- ½ šalice kuhane kvinoje
- ¼ avokada, narezanog
- ¼ šalice juliened mrkve
- ¼ šalice juliened krastavca
- Sjemenke sezama, 1 žlica

SERVIRATI
- Soja umak za umakanje

UPUTE:
a) Prekrijte nori algu kuhanom kvinojom, ostavljajući rub od 1 inča na gornjem rubu.
b) Na vrh kvinoje poslažite narezani avokado, julieniranu mrkvu i juliened krastavac.
c) Odozgo pospite sezamom.
d) Koristeći podlogu za sushi, čvrsto smotajte sushi.
e) Poslužite sushi u komadima sa soja umakom za umakanje.

64. Sushi rolada od rotkvica i krastavaca

SASTOJCI:
- Listovi nori algi
- Sushi riža
- Rotkvice, tanko narezane
- Krastavac, julienned
- Ukiseljeni đumbir
- Soja umak za umakanje

UPUTE:
a) Položite list norija na podlogu za sushi od bambusa.
b) Rasporedite sloj riže za sushi na nori, ostavljajući mali rub na vrhu.
c) Na sredinu riže stavite kriške rotkvice i juliened krastavac.
d) Čvrsto smotajte sushi pomoću podloge od bambusa.
e) Narežite na komade veličine zalogaja i poslužite s ukiseljenim đumbirom i soja umakom.

ZDJELICE ZA SUSHI

65. Dynamite Scallop Sushi Zdjela

SASTOJCI:

- 2 šalice (400 g) pripremljene tradicionalne sushi riže
- 2 žličice mljevenog mladog luka (mladi luk), samo zeleni dijelovi
- ¼ engleski krastavac (japanski krastavac), očišćen od sjemenki i narezan na male kockice
- 2 imitacije rakova, narezane na komade
- 8 oz (250 g) svježih lovorovih kapica, oljuštenih, kuhanih i držanih na toplom
- 4 pune žlice ljute majoneze ili više po ukusu
- 2 žličice prženih sjemenki sezama

UPUTE:

a) Pripremite sushi rižu i pikantnu majonezu.
b) Skupite 4 čaše za martini. Na dno svake čaše stavite ½ žličice mljevenog mladog luka.
c) Stavite rižu za sushi i krastavac narezan na kockice u malu zdjelu. Dobro promiješajte.
d) Navlažite vrhove prstiju prije nego što podijelite mješavinu riže i krastavaca u svaku čašu. Lagano poravnajte površinu riže.
e) Podijelite nasjeckani štapić od raka između čaša. U svaku čašu dodajte ¼ toplih lovorovih kapica.
f) Preko sadržaja svake čaše stavite punu žlicu pikantne majoneze. Upotrijebite plamenik za pečenje začinjene majoneze dok ne postane mjehurić, oko 15 sekundi.
g) Po vrhu svake čaše prije posluživanja pospite ½ čajne žličice prženih sjemenki sezama.

66.Zdjela za sushi od šunke i breskve

SASTOJCI:
- 2 šalice pripremljene tradicionalne sushi riže
- 1 velika breskva, očišćena od sjemenki i izrezana na 12 kriški
- ½ šalice preljeva za sushi rižu
- ½ žličice čili umaka od češnjaka
- Mlaz tamnog sezamovog ulja
- 4 unce pršuta, narezanog na tanke trakice
- 1 vezica potočarke, debele peteljke ukloniti

UPUTE:
a) Pripremite rižu za sushi i dodatni preljev za sushi rižu.
b) Stavite kriške breskve u zdjelu srednje veličine. Dodajte preljev od sushi riže, umak od češnjaka i čilija i tamno sezamovo ulje. Dobro potopite breskve u marinadi prije prekrivanja. Pustite breskve da se stegnu na sobnoj temperaturi u marinadi najmanje 30 minuta i najviše 1 sat.
c) Skupite 4 male zdjelice za posluživanje. Namočite vrhove prstiju prije nego stavite ½ šalice (100 g) pripremljene riže za sushi u svaku zdjelu. Lagano poravnajte površinu riže. Ravnomjerno rasporedite nadjeve u privlačnom uzorku po vrhu svake zdjelice, dopuštajući 3 kriške breskve po porciji. (Možete ocijediti većinu tekućine iz breskvi prije nego što ih stavite u zdjelice, ali nemojte ih osušiti.)
d) Poslužite s vilicom i soja umakom za umakanje, po želji.

67. Narančaste čaše za sushi

SASTOJCI:
- 1 šalica pripremljene tradicionalne sushi riže
- 2 pupčane naranče bez sjemenki
- 2 žličice paste od ubranih šljiva
- 2 žličice prženih sjemenki sezama
- 4 velika lista shiso ili bosiljka
- 4 žličice mljevenog mladog luka, samo zeleni dijelovi
- 4 imitacije rakovih štapića, stil nogu
- 1 list norija

UPUTE:
1. Pripremite rižu za sushi.
2. Naranče poprečno prerežite na pola. Uklonite malenu krišku s dna svake polovice tako da svaka sjedne ravno na dasku za rezanje. Žlicom izvadite unutrašnjost svake polovice. Rezervirajte sve sokove, pulpu i segmente za drugu upotrebu, kao što je Ponzu umak.
3. Umočite vrhove prstiju u vodu i stavite oko 2 žlice pripremljene riže za sushi u svaku narančastu zdjelu.
4. Preko riže premažite ½ čajne žličice paste od kiselih šljiva. Dodajte još 2 žlice sloja riže u svaku zdjelu. Po riži pospite ½ žličice tostiranog sezama.
5. Zataknite po jedan list shisoa u kut svake posude. Stavite 1 žličicu mladog luka ispred listova shisoa u svaku zdjelu. Uzmite imitacije rakova i protrljajte ih dlanovima da ih isjeckate ili ih nožem narežite na komadiće. Na svaku zdjelu stavite rakovicu u vrijednosti od jednog štapića.
6. Za posluživanje, nori narežite nožem na komadiće šibica. Svaku zdjelu pospite komadićima norija. Poslužite uz soja umak.

68. Podrška zdjela za sushi

SASTOJCI:

- 1½ šalice sushi riže
- 4 velika lista zelene salate
- ½ šalice prženog kikirikija, grubo nasjeckanog
- 4 žličice mljevenog mladog luka, samo zeleni dijelovi
- 4 velike shiitake gljive, kojima peteljke uklonite i narežite na tanke ploške
- Začinjena mješavina tofua
- ½ mrkve, spiralno izrezane ili nasjeckane

UPUTE:

a) Pripremite mješavinu riže za sushi i začinjenog tofua.
b) Posložite listove maslac zelene salate na pladanj za posluživanje.
c) Pomiješajte pripremljenu sushi rižu, prženi kikiriki, mljeveni zeleni luk i kriške shiitake gljiva u srednjoj zdjeli.
d) Podijelite miješanu rižu između "zdjelica" zelene salate.
e) Nježno spakirajte rižu u zdjelu zelene salate.
f) Podijelite začinjenu smjesu tofua u zdjelice zelene salate.
g) Na vrh svake pospite komadićima mrkve ili komadićima mrkve.
h) Poslužite zdjelice za prženje s malo zaslađenog sojinog sirupa.

69. Zdjela za sushi od jaja, sira i zelenog graha

SASTOJCI:
- 1½ šalice pripremljene tradicionalne sushi riže
- 10 mahuna blanširanih i narezanih na trakice
- 1 list japanskog omleta, narezan na komadiće
- 4 žlice kozjeg sira, izmrvljenog
- 2 žličice mljevenog mladog luka, samo zeleni dijelovi

UPUTE:
1. Pripremite sushi rižu i japanski omlet.
2. Namočite vrhove prstiju prije dodavanja ¾ šalice riže za sushi u svaku zdjelu.
3. Lagano poravnajte površinu riže u svakoj posudi.
4. Podijelite zeleni grah, komadiće jaja za omlet i kozji sir između 2 zdjele u privlačnom uzorku.
5. Za posluživanje pospite 1 žličicu mladog luka u svaku zdjelu.

70.Zdjela za sushi od breskve

SASTOJCI:
- 2 šalice pripremljene tradicionalne sushi riže
- 1 velika breskva, očišćena od sjemenki i izrezana na 12 kriški
- ½ šalice preljeva za sushi rižu
- ½ žličice čili umaka od češnjaka
- Mlaz tamnog sezamovog ulja
- 1 vezica potočarke, debele peteljke ukloniti

PRELJEVI PO IZBORU
- Avokado
- Losos
- Tuna

UPUTE:
1. Pripremite rižu za sushi i dodatni preljev od riže za sushi.
2. Stavite kriške breskve u zdjelu srednje veličine. Dodajte preljev od sushi riže, umak od češnjaka i čilija i tamno sezamovo ulje.
3. Dobro potopite breskve u marinadi prije nego što ih prekrijete.
4. Pustite breskve da se stegnu na sobnoj temperaturi u marinadi najmanje 30 minuta i najviše 1 sat.
5. Namočite vrhove prstiju prije nego stavite ½ šalice pripremljene riže za sushi u svaku zdjelu.
6. Lagano poravnajte površinu riže.
7. Ravnomjerno rasporedite nadjeve u privlačnom uzorku po vrhu svake zdjelice, dopuštajući 3 kriške breskve po porciji.
8. Poslužite s vilicom i soja umakom za umakanje.

71. Ratatouille zdjela za sushi

SASTOJCI:
- 2 šalice pripremljene tradicionalne sushi riže
- 4 velike rajčice, blanširane i oguljene
- 1 žlica mljevenog mladog luka, samo zeleni dijelovi
- ½ manjeg japanskog patlidžana, pečenog i narezanog na male kockice
- 4 žlice prženog luka
- 2 žlice preljeva od sezamovih rezanaca

UPUTE:
a) Pripremite preljev za sushi od riže i rezanaca sa sezamom.
b) Stavite rižu za sushi, zeleni luk, patlidžan, prženi luk i preljev od sezamovih rezanaca u srednju zdjelu i dobro promiješajte.
c) Odrežite vrhove svake rajčice i izdubite sredinu.
d) Žlicom dodajte ½ šalice miješane mješavine sushi riže u svaku zdjelu rajčice.
e) Stražnjom stranom žlice nježno poravnajte rižu.
f) Zdjelice od rajčice poslužite s vilicom.

72. Hrskava zdjela za sushi od prženog tofua

SASTOJCI:
- 4 šalice pripremljene tradicionalne sushi riže
- 6 unci čvrstog tofua, narezanog na deblje kriške
- 2 žlice krumpirovog ili kukuruznog škroba
- 1 veliki bjelanjak, pomiješan s 1 žličicom vode
- ½ šalice krušnih mrvica
- 1 žličica tamnog sezamovog ulja
- 1 žličica ulja za kuhanje
- ½ žličice soli
- Jedna mrkva, izrezana na 4 šibice
- ½ avokada, narezanog na tanke ploške
- 4 žlice kuhanog kukuruznog zrna
- 4 žličice mljevenog mladog luka, samo zeleni dijelovi
- 1 nori, narezan na tanke trakice

UPUTE:
1. Pripremite rižu za sushi.
2. Stavite kriške između slojeva papirnatih ručnika ili čistih ručnika za suđe i stavite tešku zdjelu na njih.
3. Ostavite kriške tofua da se ocijede najmanje 10 minuta.
4. Zagrijte pećnicu na 375°F.
5. Udubite ocijeđene kriške tofua u krumpirov škrob.
6. Stavite kriške u smjesu od bjelanjaka i okrenite ih da se premažu.
7. Pomiješajte panko, tamno sezamovo ulje, sol i ulje za kuhanje zajedno u srednjoj posudi.
8. Lagano pritisnite malo panko smjese na svaku krišku tofua.
9. Kriške stavite na pleh obložen papirom za pečenje.
10. Pecite 10 minuta, a zatim okrenite kriške.
11. Pecite još 10 minuta ili dok panko premaz ne postane hrskav i zlatnosmeđi.
12. Izvadite ploške iz pećnice i ostavite ih da se malo ohlade.
13. Skupite 4 male zdjelice za posluživanje. Namočite vrhove prstiju prije dodavanja ¾ šalice riže za sushi u svaku zdjelu.
14. Lagano poravnajte površinu riže u svakoj posudi. Podijelite kriške panko tofua u 4 zdjele.
15. Dodajte ¼ štapića mrkve u svaku zdjelu.
16. Stavite ¼ kriški avokada u svaku zdjelu. Stavite 1 žlicu kukuruznih zrna na vrh svake posude.
17. Za posluživanje pospite ¼ nori trakica po svakoj zdjelici. Poslužite sa zaslađenim sojinim sirupom ili umakom od soje.

73. Zdjela za sushi od avokada

SASTOJCI:
- 1½ šalice pripremljene tradicionalne sushi riže
- ¼ male jice, oguljene i izrezane na šibice
- ½ jalapeño čili papričice, uklonjene sjemenke i grubo nasjeckane
- Sok od ½ limete
- 4 žlice rižinog preljeva za sushi
- ¼ avokada, oguljenog, bez sjemenki i narezanog na tanke ploške
- 2 grančice svježeg korijandera, za ukras

UPUTE:
1. Pripremite rižu za sushi i preljev od riže za sushi.
2. Pomiješajte jicama šibice, nasjeckani jalapeño, sok od limete i rižin preljev za sushi u maloj nemetalnoj zdjeli. Pustite da se okusi pomiješaju najmanje 10 minuta.
3. Ocijedite tekućinu iz mješavine jicama.
4. Namočite vrhove prstiju prije dodavanja ¾ šalice riže za sushi u svaku zdjelu.
5. Lagano poravnajte površinu riže.
6. Stavite ½ mariniranih jicama na vrh svake zdjele.
7. Podijelite kriške avokada u 2 zdjele, rasporedite svaku u atraktivan uzorak preko riže.
8. Za posluživanje svaku zdjelu pospite grančicom svježeg korijandera i Ponzu umakom.

74. Zdjela riže s algama

SASTOJCI:
- 1 jaje
- Tanko narezani nori po želji
- Dashi, prstohvat
- ½ žličice mirina
- ½ žličice sojinog umaka
- MSG, prstohvat
- Furikake, prema potrebi
- 1 šalica kuhane bijele riže

UPUTE:
a) Stavite rižu u zdjelu i napravite plitku žlicu u sredini.
b) Razbijte cijelo jaje u sredinu.
c) Začinite s pola žličice soja umaka, prstohvatom soli, prstohvatom MSG-a, pola žličice mirina i prstohvatom Dashija.
d) Snažno miješajte štapićima da se jaje sjedini, trebalo bi postati blijedožuto, pjenasto i pahuljasto.
e) Kušajte i prema potrebi prilagodite začine.
f) Pospite furikake i nori, na vrhu napravite malu žlicu i dodajte drugi žumanjak.
g) Vaše jelo je spremno za posluživanje.

75. Začinjena zdjela za sushi od jastoga

SASTOJCI:
- 1½ šalice (300 g) pripremljene tradicionalne sushi riže
- 1 žličica sitno naribanog svježeg korijena đumbira
- Jedan rep jastoga kuhan na pari od 8 oz (250 g), bez oklopa i narezan na medaljone
- 1 kivi, oguljen i narezan na tanke ploške
- 2 žličice mljevenog mladog luka (mladi luk), samo zeleni dijelovi
- Šaka spiralno izrezane daikon rotkvice
- 2 grančice svježeg korijandera (trakice cilantra)
- 2 žlice Dragon Juice ili više po ukusu

UPUTE:
a) Pripremite sushi rižu i Dragon Juice.
b) Namočite vrhove prstiju prije nego što podijelite rižu za sushi u dvije male zdjelice za posluživanje. Lagano poravnajte površinu riže u svakoj posudi. Žlicom rasporedite ½ žličice naribanog svježeg korijena đumbira po riži u svakoj posudi.
c) Medaljone jastoga i kivi podijelite na pola. Naizmjenično stavite jednu polovicu kriški jastoga s jednom polovicom kriški kivija preko riže u jednoj posudi, ostavljajući mali prostor nepokriven. Ponovite uzorak u drugoj zdjeli. Stavite 1 čajnu žličicu mljevenog mladog luka u prednji dio svake posude. Podijelite spiralno izrezanu daikon rotkvicu između dvije zdjelice, ispunjavajući prazan prostor.
d) Za posluživanje stavite jednu svježu grančicu korijandera ispred daikon rotkvice u svaku zdjelu. Žlicom stavite 1 žlicu Dragon Juicea na jastoga i kivi u svaku zdjelu.

76. Zdjela za sushi s kratkim rebrima s roštilja

SASTOJCI:
- 2 šalice (400 g) tradicionalne sushi riže, brze i jednostavne sushi riže u mikrovalnoj pećnici ili smeđe sushi riže
- 1 lb (500 g) svinjskih rebara bez kostiju
- 2 žlice sirovog šećera ili svijetlo smeđeg šećera
- 1 žlica rižinog octa
- 2 žlice ulja za kuhanje
- 2 žličice soja umaka
- ½ žličice mljevenog češnjaka
- 2 žlice nasjeckanog kristaliziranog đumbira
- ½ avokada, oguljenog, sjemenki i narezanog na tanke ploške
- ¼ engleski krastavac (japanski krastavac), očišćen od sjemenki i izrezan na štapiće
- ¼ šalice (60 g) sušenog manga, narezanog na tanke trakice

UPUTE:
a) Pripremite rižu za sushi.
b) Kratka rebra utrljajte šećerom. Pomiješajte zajedno rižin ocat, ulje za kuhanje, sojin umak i mljeveni češnjak u srednjoj posudi. Stavite rebra u zdjelu i okrenite ih nekoliko puta da se premazuju. Pokrijte ih i ostavite da se mariniraju 30 minuta.
c) Zagrijte svog brojlera na 500°F (260°C). Stavite kratka rebarca na posudu za pečenje tovnih pila ili pladanj. Pecite oko 5 minuta sa svake strane. Kratka rebra izvaditi iz pleha i ostaviti da se ohlade. Narežite kratka rebra na komade od ½ inča (1,25 cm). (Ako kratka rebra imaju kosti, trebali biste ukloniti meso s kostiju.)
d) Skupite 4 male zdjelice za posluživanje. Namočite vrhove prstiju prije nego stavite ½ šalice (100 g) riže za sushi u svaku zdjelu. Lagano poravnajte površinu riže. Po riži pospite ½ žlice nasjeckanog kristaliziranog đumbira. Podijelite kratka rebra u 4 zdjele.
e) Rasporedite ¼ kriški avokada, štapiće krastavaca i trakice manga u privlačnom uzorku preko zdjele s rižom.
f) Po želji poslužite sa zaslađenim sojinim sirupom.

77. Zdjela za sushi od svježeg lososa i avokada

SASTOJCI:

- 1½ šalice (300 g) pripremljene tradicionalne sushi riže
- ¼ male jice, oguljene i izrezane na šibice
- ½ jalapeño čili papričice, uklonjene sjemenke i grubo nasjeckane
- Sok od ½ limete
- 4 žlice rižinog preljeva za sushi
- 6 oz (200 g) svježeg lososa, narezanog na kriške
- ¼ avokada, oguljenog, sjemenki i narezanog na tanke ploške
- 2 pune žlice ikre lososa (ikura), po želji
- 2 grančice svježeg korijandera (cilantra), za ukras

UPUTE:

a) Pripremite rižu za sushi i preljev od riže za sushi.
b) Pomiješajte šibice jicama, nasjeckani jalapeño, sok od limete i preljev za sushi rižu u maloj nemetalnoj zdjeli. Pustite da se okusi pomiješaju najmanje 10 minuta. Ocijedite tekućinu iz mješavine jicama.
c) Skupite 2 male zdjelice. Namočite vrhove prstiju prije dodavanja ¾ šalice (150 g) riže za sushi u svaku zdjelu. Lagano poravnajte površinu riže. Stavite ½ mariniranih jicama na vrh svake zdjele. Podijelite kriške lososa i avokada u dvije zdjele, rasporedite ih u atraktivan uzorak preko riže. Dodajte 1 punu žlicu ikre lososa, ako je koristite, u svaku zdjelu.
d) Za posluživanje svaku zdjelu pospite grančicom svježeg korijandera i Ponzu umakom. umak od soje.

PRESANI, GUNKAN I NIGIRI SUSHI

78. Nigiri od nara i tamne čokolade

SASTOJCI:
- 1 šalica sjemenki nara
- Tamna čokolada, otopljena
- Sushi riža
- Nori trake

UPUTE:
a) Rižu za sushi oblikujte u male pravokutnike koji će nalikovati nigiriju.
b) Utisnite sjemenke nara na rižu.
c) Odozgo prelijte otopljenom tamnom čokoladom.
d) Ohladiti dok se čokolada ne stvrdne.

79. Nigiri od avokada i nara

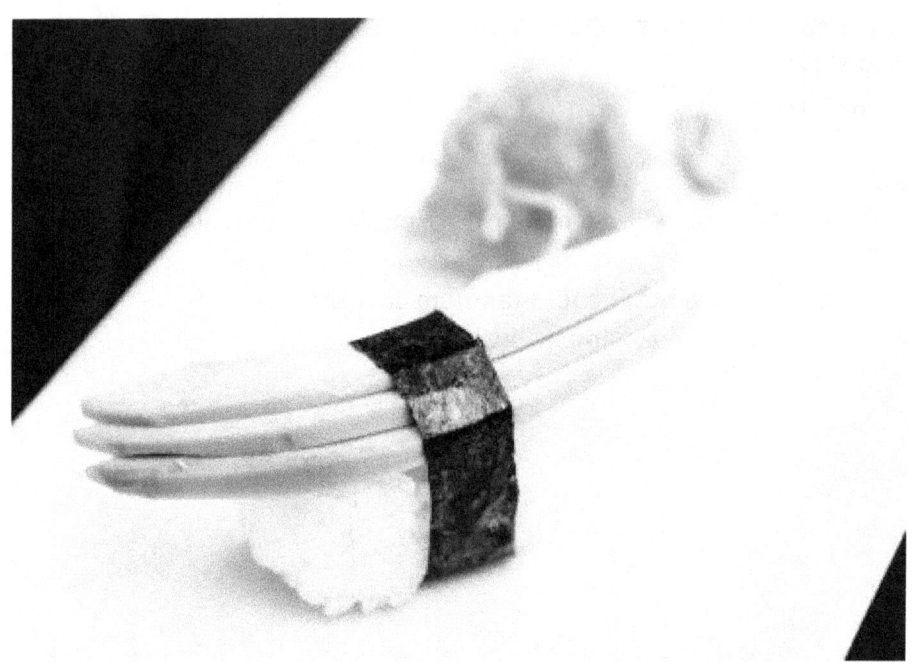

SASTOJCI:
- 1½ šalice tradicionalne sushi riže
- 1 žlica melase od nara
- 1 žličica Ponzu umaka
- ½ avokada, narezanog na 16 tankih kriški
- 1 list norija
- 2 žličice sjemenki nara

UPUTE:
a) Pripremite rižu za sushi.
b) Pomiješajte melasu od nara i Ponzu umak u maloj posudi.
c) Umočite vrhove prstiju u vodu i poprskajte malo po dlanovima.
d) Stisnite lopticu veličine oraha pripremljene sushi riže, oko 2 žlice, u šaci kako biste oblikovali uredan pravokutni sloj riže.
e) Izrežite 8 traka poprečno od lista norija.
f) Rezervirajte preostali nori za drugu upotrebu. Na svaki sloj riže stavite 2 kriške avokada.
g) Učvrstite ih nori trakom "sigurnosnim pojasom".
h) Za posluživanje složite komade na posudu za posluživanje.
i) Žlicom nanesite malo smjese nara na svaki komad i na vrh stavite nekoliko sjemenki nara.

80. Shiitake Nigiri

SASTOJCI:
- 1½ šalice pripremljene tradicionalne sushi riže
- 8 malih shiitake gljiva, bez peteljki
- Ulje za kuhanje
- 1 list norija
- 2 žlice preljeva od sezamovih rezanaca
- 1 žličica prženih sjemenki sezama

UPUTE:
a) Pripremite preljev za sushi od riže i rezanaca sa sezamom.
b) Nožem zarežite vrh svake gljive.
c) Zagrijte dovoljno ulja na dnu velike tave da se potpuno obloži.
d) Dodajte gljive i lagano ih kuhajte da puste miris.
e) Izvadite iz tave i ostavite da se ohladi.
f) Umočite vrhove prstiju u vodu i poprskajte malo po dlanovima.
g) Stisnite lopticu veličine oraha pripremljene sushi riže, oko 2 žlice, u šaci kako biste oblikovali uredan pravokutni sloj riže.
h) Izrežite 8 traka poprečno od lista norija.
i) Rezervirajte preostali nori za drugu upotrebu.
j) Na svaki sloj riže stavite 1 gljivu.
k) Radi raznolikosti, polovicu gljiva stavite na slojeve riže s donjom stranom prema gore.
l) Pričvrstite gljive u put nori trakom "sigurnosnim pojasom".
m) Za posluživanje složite komade sushija od gljiva na posudu za posluživanje.
n) Žlicom nanesite malo preljeva od sezamovih rezanaca na svaki komad i pospite sjemenkama sezama.

81. Nigiri kolač od sira od jagoda

SASTOJCI:
- 1 šalica mrvica graham krekera
- 1/2 šalice krem sira, omekšalog
- 1/4 šalice šećera u prahu
- Svježe jagode, narezane na ploške
- Nori (morske alge) trake

UPUTE:
a) U zdjeli pomiješajte mrvice graham krekera, krem sir i šećer u prahu dok se dobro ne sjedine.
b) Od smjese oblikujte male pravokutnike koji će nalikovati nigiriju.
c) Stavite svaki pravokutnik graham krekera na mali komad norija.
d) Na vrh stavite krišku svježe jagode.
e) Poslužite ohlađeno.

82.Dimljeni tofu nigiri

SASTOJCI:
- 1½ šalice pripremljene tradicionalne sushi riže
- Pakiranje tofua od 16 unci, ocijeđeno od tekućine iz pakiranja
- ½ šalice Tempura umaka
- 1 list norija
- 4 žlice rižinog preljeva za sushi
- ½ žličice tamnog sezamovog ulja
- ½ žličice čili umaka od češnjaka

UPUTE:
a) Pripremite sushi rižu i tempura umak.
b) Stavite šaku čipsa za dimljenje u vodu da se namače.
c) Stavite tofu u malu zdjelu i dodajte Tempura umak.
d) Okrenite nekoliko puta da se premaže. Pustite tofu da se marinira oko 10 minuta.
e) Zagrijte svoj vanjski roštilj. Natopljenu sječku zamotajte u aluminijsku foliju.
f) Probušite aluminijsku foliju nekoliko puta parom štapića.
g) Dodajte paket folije na roštilj.
h) Kad se počne dimiti, stavite marinirani tofu na rešetke roštilja i zatvorite poklopac roštilja. Dimite tofu 20 minuta.
i) Maknite s roštilja i ostavite da se potpuno ohladi.
j) Umočite vrhove prstiju u vodu i poprskajte malo po dlanovima.
k) Stisnite lopticu veličine oraha pripremljene sushi riže, oko 2 žlice, u šaci kako biste oblikovali uredan pravokutni sloj riže.
l) Dimljeni tofu narežite poprečno na deblje ploške.
m) Izrežite 8 traka poprečno od lista norija.
n) Rezervirajte preostali nori za drugu upotrebu.
o) Na svaki sloj riže stavite 1 krišku dimljenog tofua.
p) Učvrstite kriške nori trakom "sigurnosnim pojasom".
q) Za posluživanje složite komade dimljenog sushija na posudu za posluživanje.
r) Pomiješajte preljev od sushi riže, tamno sezamovo ulje i umak od češnjaka i čilija u maloj posudi.
s) Premažite malo smjese preko svakog komada dimljenog tofua.

83. Sushi Nigiri od rotkvica i tune

SASTOJCI:
- Sushi riža
- Rotkvice, tanko narezane
- Svježa tuna, tanko narezana
- Soja umak za umakanje

UPUTE:
a) Uzmite malu količinu riže za sushi i oblikujte je u mali pravokutni blok.
b) Stavite krišku rotkvice na vrh rižinog bloka.
c) Na vrh rotkvice stavite krišku svježe tune.
d) Ponovite s preostalim sastojcima.
e) Poslužite sushi nigiri sa soja umakom za umakanje.

SUSHI RUČNE ROLICE/TEMAKI

84. Mango ljepljiva riža Maki

SASTOJCI:
- 1 šalica ljepljive riže, kuhane i ohlađene
- 1 zreli mango, narezan na tanke trakice
- Kokosovo mlijeko
- Nori listovi
- sjemenke sezama (po želji)

UPUTE:
a) Položite list norija na podlogu za sushi od bambusa.
b) Na nori rasporedite sloj ljepljive riže.
c) Stavite trakice manga duž jednog ruba riže.
d) Mango prelijte kokosovim mlijekom.
e) Sushi čvrsto smotajte i narežite na komade.
f) Po želji po vrhu posuti susamom.

85. Tempura rolice s povrćem

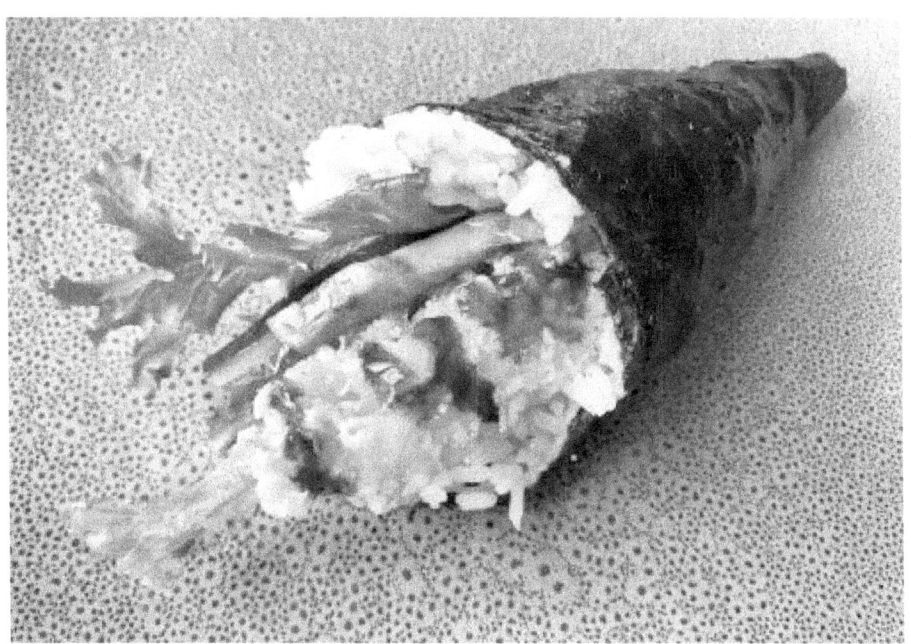

SASTOJCI:
- 1 šalica pripremljene tradicionalne sushi riže
- Osnovna veganska Tempura smjesa
- Ulje za prženje
- 16 zelenih mahuna, uklonjeni vrhovi i žice, blanširane
- 4 žlice krumpirovog ili kukuruznog škroba
- 4 lista norija
- 4 žličice prženih sjemenki sezama
- 4 žličice sitno naribane daikon rotkvice
- 1 žličica sitno naribanog svježeg korijena đumbira
- ¼ crvene paprike narezane na štapiće šibica
- 4 komada mladog luka, bijele dijelove odrezati

UPUTE:
a) Pripremite rižu za sushi i osnovno tijesto za tempura.
b) Zagrijte ulje u tavi na 350°F.
c) Mahune umočite u krumpirov škrob i otresite višak. Zavrtite zelene mahune u osnovnom tijestu za tempura prije nego ih dodate u vruće ulje.
d) Pržite dok tijesto ne porumeni, oko 2 minute. Ocijedite na rešetki.
e) Stavite 1 list norija preko lijevog dlana s grubom stranom prema gore. Pritisnite 4 žlice pripremljene riže za sushi na lijevu ⅓ norija.
f) Po riži pospite 1 žličicu sjemenki sezama. Na rižu nanesite 1 žličicu daikon rotkvice i ¼ žličice svježeg korijena đumbira.
g) Rasporedite 4 zelene mahune u dvostrukoj liniji niz sredinu riže. Na vrh stavite ¼ štapića crvene paprike i 1 komad mladog luka.
h) Uzmite donji lijevi kut norija i preklopite ga preko nadjeva do vrha.
i) Smotajte roladu prema dolje tvoreći čvrsti stožac dok se sav nori ne omota.

86. Rolice od slanine

SASTOJCI:
- 1 šalica pripremljene tradicionalne sushi riže
- 4 sojina papira ili nori
- 8 trakica kuhane veganske slanine
- 1 zelena salata Romaine, narezana na tanke trakice
- ½ rajčice, izrezane na 8 kriški
- ¼ avokada, izrezanog na 4 kriška
- 4 žlice zaslađenog sojinog sirupa ili više po ukusu
- 4 žličice sjemenki sezama, tostiranih

UPUTE:
a) Pripremite sushi rižu i zaslađeni sojin sirup.
b) Stavite 1 list papira od soje preko lijevog dlana. Pritisnite 4 žlice riže za sushi na lijevu ⅓ papira od soje.
c) Po sredini riže rasporedite 2 trake slanine. Na vrh stavite ¼ izrezanog Romainea. Dodajte 2 kriška rajčice i 1 krišku avokada.
d) Pošpricajte 1 žlicu zaslađenog sojinog sirupa preko nadjeva. Pospite 1 žličicom sezamovih sjemenki.
e) Uzmite donji lijevi kut sojinog papira i presavijte ga preko nadjeva do vrha.
f) Smotajte rolu prema dolje oblikujući čvrsti stožac dok sav sojin papir ne bude omotan oko stošca.
g) Rolice odmah poslužite.

87.Temaki od kikirikija i banane

SASTOJCI:
- 4 lista nori
- 2 banane, narezane na ploške
- 1/2 šalice maslaca od kikirikija
- 1/4 šalice meda
- Mljeveni kikiriki za ukras

UPUTE:
a) Svaki list nori namažite maslacem od kikirikija.
b) Stavite kriške banane uz jedan rub.
c) Banane prelijte medom.
d) Zarolajte u stožasti oblik i pospite mljevenim kikirikijem odozgo.

88. Ručne rolice od čipsa od kelja

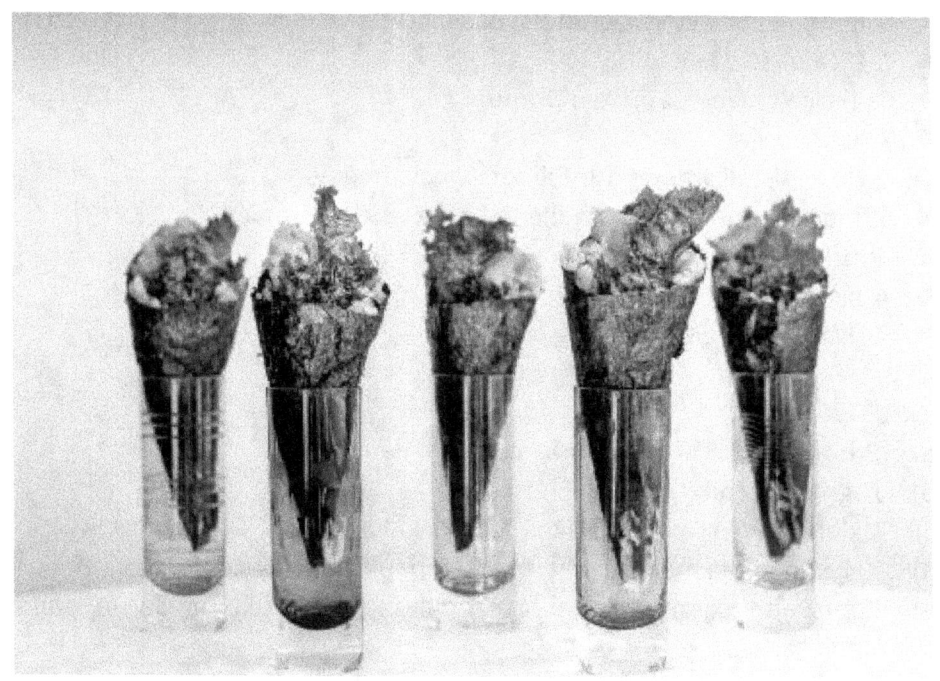

SASTOJCI:
- 1 šalica pripremljene tradicionalne sushi riže
- 1 manja vezica kelja opranog i osušenog
- 1 žlica ulja za kuhanje
- ½ žličice crvene paprike u prahu
- 4 lista norija
- 2 žlice kristaliziranog đumbira, nasjeckanog
- ½ male zelene jabuke, oguljene i narezane na štapiće
- 1 mrkva, izrezana na šibice
- 4 žlice umaka od kikirikija ili više po ukusu
- 4 žličice mljevenog mladog luka

UPUTE:
a) Pripremite sushi rižu i umak od kikirikija.
b) Zagrijte pećnicu na 350°F.
c) Uklonite sve žilave stabljike i rebra s kelja.
d) Kelj stavite na metalni pleh obložen papirom za pečenje.
e) Poprskajte uljem po vrhu i promiješajte ga rukama da se dobro izmiješa.
f) Pospite crvenu papriku u prahu i morsku sol s obje strane kelja.
g) Rasporedite kelj u jedan tanki sloj.
h) Pecite 12 minuta, okrećući čips od kelja na pola.
i) Poravnajte 1 list norija preko lijevog dlana s grubom stranom prema gore.
j) Pritisnite 4 žlice pripremljene riže za sushi na lijevu ⅓ norija.
k) Po riži pospite ½ žlice kristaliziranog đumbira.
l) Stavite ¼ čipsa od kelja u sredinu riže.
m) Dodajte ¼ štapića od jabuke Granny Smith i ¼ štapića od mrkve.
n) Preko nadjeva stavite 1 žlicu umaka od kikirikija ili više po ukusu.
o) Po vrhu pospite 1 žličicu mladog luka.
p) Uzmite donji lijevi kut norija i preklopite ga preko nadjeva.
q) Smotajte roladu prema dolje tvoreći čvrsti stožac dok se sav nori ne omota.

89.Kimchee, i rolnice od rajčice

SASTOJCI:
- 1 šalica pripremljene tradicionalne sushi riže
- 4 lista nori
- 4 trakice kimcheeja ili više po ukusu, grubo nasjeckane
- ½ rajčice, izrezane na 8 kriški

UPUTE:
a) Pripremite rižu za sushi.
b) Poravnajte 1 list norija preko lijevog dlana s grubom stranom prema gore.
c) Pritisnite 4 žlice riže za sushi na lijevu ⅓ norija.
d) Dodajte 1 žlicu kimcheeja u sredinu riže.
e) Stavite 2 kriške rajčice preko ostalih nadjeva.
f) Uzmite donji lijevi kut norija i preklopite ga preko nadjeva.
g) Smotajte roladu prema dolje tvoreći čvrsti stožac dok se sav nori ne omota.

90.Kokos Mango Temaki

SASTOJCI:
- 4 lista nori
- 1 šalica sushi riže
- 1 zreli mango, narezan na kriške
- Zaslađeni naribani kokos
- Med za podlijevanje

UPUTE:
a) Raširite sushi rižu preko nori lista.
b) Dodajte mango narezan po sredini.
c) Po vrhu pospite zaslađeni naribani kokos.
d) Nadjev preliti medom.
e) Zarolajte u oblik stošca i poslužite.

SAŠIMI

91.Sashimi od dinje

SASTOJCI:
- ½ funte dinje, narezane na kockice
- ½ šalice sakea
- ½ žličice wasabi praha
- 4 žlice zaslađenog sojinog sirupa
- 1 šalica klica daikona
- Morska sol po ukusu

UPUTE:
a) Kockice dinje stavite u manju posudu.
b) U drugoj posudi umutite sake i wasabi prah.
c) Prelijte smjesu preko kockica dinje i ostavite da se dinje namaču 10 minuta.
d) Ocijedite tekućinu iz dinja.
e) Za posluživanje sashimija sakupite 4 male posude za posluživanje.
f) Umočite mali kist za tijesto u zaslađeni sojin sirup i prevucite jednim potezom umaka preko svake posude za posluživanje.
g) Kockice dinje podijelite na 4 dijela i rasporedite nekoliko kockica dinje po zaslađenom sojinom sirupu.
h) Na vrh stavite kockice dinje klicama daikona.
i) Svaki tanjur pospite morskom soli.

92.Nasljedni sashimi od rajčice

SASTOJCI:
- 4 žlice rižinog octa
- 1 žličica šećera
- 3 velike nasljedne rajčice, izrezane iz koštice i narezane na ploške
- 1 limun, prerezan na pola
- 1 šalica nasjeckanog daikona, po želji
- 2 žličice morske soli
- ¼ žličice matche

UPUTE:
a) U malom loncu pomiješajte rižin ocat i šećer.
b) Pustite da gotovo zavrije, a zatim kuhajte oko 2 minute.
c) Maknite s vatre i potpuno ohladite.
d) Podijelite rajčice na 2 tanjura za posluživanje.
e) Poprskajte reduciranim octom preko rajčica.
f) Sa strane svakog tanjura stavite 1 polovicu limuna.
g) Stavite ½ polovice daikona na vrh svakog tanjura.
h) Pomiješajte morsku sol i prah zelenog čaja.
i) Podijelite ga u dvije male posude. Za uživanje iscijedite limun preko rajčica.
j) Po ukusu pospite solju s okusom zelenog čaja.

93. Carpaccio od jakobove kapice

SASTOJCI:
- 1 manji krumpir, oguljen
- Ulje za prženje
- 1 žličica soli
- 1 žličica furikake
- 8 velikih, svježih morskih kapica, oljuštenih
- 2 mandarine, oguljene, uklonjene koštice i izrezane na segmente
- 4 žličice mljevenog mladog luka, samo zeleni dijelovi
- 4 žlice neslanog maslaca, otopljenog i ostavljenog na toplom
- 4 žlice Ponzu umaka

UPUTE:
a) Narezanu ljutiku stavite u manju zdjelu i pospite s 1/2 žličice soli.
b) Dodajte ocat i lagano promiješajte, držeći ljutiku potopljenu. Ostavite na sobnoj temperaturi 30 minuta.
c) Svaku jakobovu kapicu narežite poprečno na vrlo tanke ploške.
d) Rasporedite kriške na šest ohlađenih tanjura, složite ih ravno u kružnom uzorku.
e) Preko svakog tanjura rasporedite prepolovljene cherry rajčice. Jakobove kapice i rajčice pospite solju, malo pepperoncina, nekoliko kapara i malo ukiseljene ljutike.
f) Ukrasite natrganim ili narezanim listićima bosiljka i malo listića bosiljka.
g) Poslužite s malo soka od limete i malo maslinovog ulja.

94. Sashimi od slatkih kozica

SASTOJCI:

- 1 šalica kozica, netaknute glave
- ½ šalice krumpirovog ili kukuruznog škroba
- ½ žličice crvene paprike u prahu
- Ulje za prženje
- 1 žličica soli
- 1 žlica tamnog sezamovog ulja
- 1 žlica svježeg soka od limete
- 1 žlica soja umaka
- 4 žličice ikre crne leteće ribe
- 4 glavice luka, samo zeleni dijelovi
- 4 prepeličja jaja
- 2 žličice wasabi paste

UPUTE:

a) Stavite losos, meso rakova i bijelu tunu u zasebne, male, nemetalne zdjele. Pomiješajte slatki luk, zeleni luk, sojin umak, sezamovo ulje, svježi korijen đumbira i ogo u srednjoj zdjeli.

b) Podijelite smjesu u 3 zdjele plodova mora.

c) Za poké od lososa dodajte prstohvat morske soli i 1 žličicu prženih sjemenki sezama. Za poké od rakova u smjesu umiješajte rajčicu narezanu na kockice. Za poké od bijele tune, u zdjelu umiješajte 2 žličice makadamija oraha.

d) Pokrijte svaki poké i ostavite u hladnjaku najmanje 1 sat. Svaki poké poslužite ohlađen s rižinim krekerima po želji.

95. Halibut s limunom i Matcha soli

SASTOJCI:
- 8 unci svježeg iverka, izrezanog pod kutom na nekoliko kriški
- 1 limun
- 3 žličice krupne morske soli
- ½ žličice Matcha

UPUTE:
a) Posložite kriške iverka na posudu za posluživanje.
b) Prerežite limun poprečno na pola i odrežite dovoljno krajeva da polovice limuna budu ravno postavljene. Složite polovice limuna i stavite ih na posudu za posluživanje.
c) Pomiješajte morsku sol i prah zelenog čaja u maloj posudi.
d) Stavite sol zelenog čaja u hrpu na posudu za posluživanje.
e) Iscijedite polovice limuna preko iverka.
f) Pospite sol zelenog čaja po komadima po ukusu.

96. Goveđa tataki plata

SASTOJCI:
- 8 unci svježeg iverka, izrezanog pod kutom na nekoliko kriški
- 1 limun
- 3 žličice krupne morske soli
- ½ žličice Matcha

UPUTE:
a) Posložite kriške iverka na posudu za posluživanje.
b) Prerežite limun poprečno na pola i odrežite dovoljno krajeva da polovice limuna budu ravno postavljene. Složite polovice limuna i stavite ih na posudu za posluživanje.
c) Pomiješajte morsku sol i prah zelenog čaja u maloj posudi.
d) Stavite sol zelenog čaja u hrpu na posudu za posluživanje.
e) Iscijedite polovice limuna preko iverka.
f) Pospite sol zelenog čaja po komadima po ukusu.

96. Goveđa tataki plata

SASTOJCI:
- 450 g filet odreska, središte
- 1 žlica sezamovog ulja
- Svježe mljeveni crni papar

ZA MARINADU:
- 3 žlice svijetlog soja umaka
- Mljeveni crni papar
- 2 žlice japanskog mirina
- 2 mlada luka narezana na tanke ploške
- 1 veći češanj češnjaka, oguljen i sitno nasjeckan
- 1 komad svježeg korijena đumbira, oguljenog i sitno nasjeckanog
- Mikro listovi salate, za ukrašavanje

ZA ODJEVANJE U PONZU STILU:
- 2 žlice soka od limuna
- 4 žlice rižinog vinskog octa
- 4 žlice mirina
- 4 žlice svijetlog soja umaka
- 1 žlica sezamovog ulja

ZA POVRĆE
- 1 mali mooli, oguljen i izrezan na male trakice
- 1 veća mrkva, oguljena i narezana na male trakice ili šibice
- 1 krastavac, očišćen od sjemenki i narezan na male trakice ili šibice

UPUTE:
a) Zagrijte veliku neprijanjajuću tavu dok se ne zagrije.
b) Stavite govedinu u veliku zdjelu, dodajte ulje, začinite paprom i stavite na premaz.
c) Za prženje govedine po cijeloj tavi.
d) Prebacite na veliki tanjir da se ohladi.
e) U velikoj plastičnoj vrećici za hranu pomiješajte sastojke za marinadu
 .
f) Dodajte govedinu, zatvorite i ohladite u hladnjaku do 4 sata ili preko noći, ako vrijeme dopušta.
g) U maloj zdjeli pomiješajte sastojke za preljev . Pokrijte i ostavite sa strane. U srednjoj zdjeli pomiješajte povrće.
h) Govedinu narežite na tanke ploške poprečno. Položite kriške na veliki pladanj i pošpricajte polovicom preljeva u stilu ponzua.
i) Lagano pospite preko mikro listova i pošpricajte s još preljeva.
j) Preostalo povrće žlicom žličite i poslužite uz govedinu.

97. Sashimi od tune s Jalapeno granitom

SASTOJCI:
JALAPEÑO GRANITA
- 1 šalica vode
- ⅔ šalice šećera
- 1 jalapeño čili papričica, narezana na komadiće
- 1 žličica mljevenog svježeg korijena đumbira
- 2 velika lista shisa
- 12 unci bloka svježe bijele tune ili žutoperajne tune
- 1 limun, narezan na vrlo tanke ploške

UPUTE:
a) Za pripremu granite zakuhajte vodu u malom loncu. Dodajte šećer i miješajte dok se samo ne otopi.
b) Ostavite smjesu da se malo ohladi prije nego što je ulijete u blender.
c) Dodajte komadiće jalapeña u blender.
d) Ubacite korijen đumbira i 2 lista shisoa. Miksajte dok smjesa ne postane pjenasta.
e) Procijedite kroz fino mrežasto cjedilo i odbacite krutine kada ste gotovi. Ulijte tekućinu u plitku, metalnu posudu i stavite je u zamrzivač dok ne postane čvrsta.
f) Ispecite vanjsku stranu bijele tune plamenikom ili u tavi na umjereno jakoj vatri.
g) Tunu narežite na ploške.
h) Za posluživanje izvadite Jalapeño Granita iz zamrzivača. Viljuškom ostružite ili nasjeckajte smrznutu masu. Žlicom stavite nekoliko žlica granite u čašu za martini.
i) Rasporedite 4 kriške pečene tune preko granite, stavljajući krišku limuna u sredinu.

98.Tartar od tune i avokada

SASTOJCI:
- 8 unci svježe ahi tune, nasjeckane
- 2 žličice mljevenog mladog luka, samo zeleni dijelovi
- ½ žličice tamnog sezamovog ulja
- 4 žlice Ponzu umaka
- 1 veća kriška limuna
- ½ avokada, oguljenog, sjemenki i narezanog na male kockice
- Prstohvat soli
- 1 veliki list shisa, narezan na tanke trakice
- ½ engleskog krastavca, narezanog na kriške

UPUTE:
a) Stavite tunjevinu u manju nemetalnu posudu.
b) Dodajte zeleni luk, tamno sezamovo ulje i Ponzu umak. Dobro izmiješajte sastojke. U drugoj maloj posudi iscijedite krišku limuna preko kockica avokada. Dodajte prstohvat soli i narezani shiso. Dobro promiješati.
c) Na tanjur za posluživanje stavite četvrtasti kalup.
d) U kalup utisnite ½ smjese od tune, a zatim ½ smjese od avokada.
e) Poslužite tartar s kriškama krastavca.

99. Sashimi od lososa od avokada i manga

SASTOJCI:
- Svježi losos, za sushi
- Zreli mango, narezan na kriške
- Avokado, narezan
- Ponzu umak
- Mikrozelenje za ukrašavanje

UPUTE:
a) Losos narežite na tanke ploške i posložite na tanjur.
b) Između lososa naizmjence stavljajte kriške manga i avokada.
c) Prelijte ponzu umakom.
d) Ukrasite mikrozelenjem za svježinu.

100. Žutorepi sashimi od tartufa

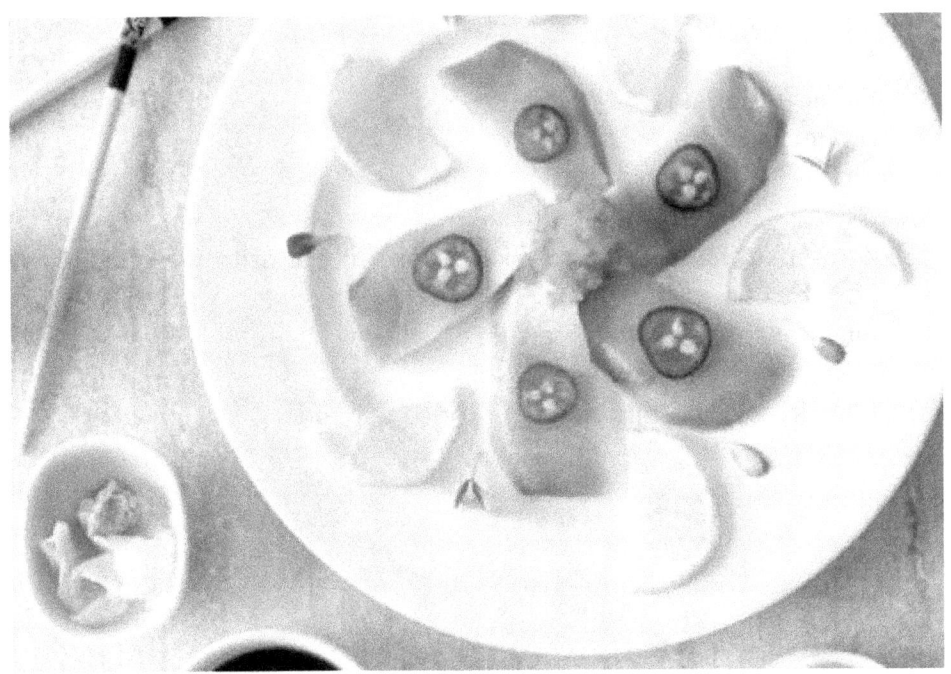

SASTOJCI:
- Yellowtail, sushi-grade
- Ulje od tartufa
- Morska sol
- Vlasac nasjeckan
- Limunova korica

UPUTE:
a) Žutorepke narežite na tanke ploške i posložite na pladanj za posluživanje.
b) Ribu pokapajte uljem od tartufa.
c) Pospite prstohvatom morske soli.
d) Ukrasite nasjeckanim vlascem i koricom limuna.

ZAKLJUČAK

Dok završavamo naše putovanje kroz "Moderan Sushi Majstorstvo Priručnik", nadam se da su se vaši kulinarski pokušaji pretočili u simfoniju okusa, kreativnosti i radosti svladavanja umjetnosti suvremenog sushija. Ovaj je priručnik više od zbirke recepata; to je proslava dinamičnog svijeta izrade sushija koji se neprestano razvija.

Hvala vam što ste mi se pridružili u ovom istraživanju okusa, tehnika i moderanih zaokreta koji udahnjuju novi život tradicionalnom sushiju. Neka stečene vještine i recepti koje ste svladali postanu dio vašeg kulinarskog repertoara, obogaćujući vaša jela duhom inovativnosti.

Dok uživate u posljednjim zalogajima svog pomno izrađenog sushija, neka vam oni budu podsjetnik na uzbudljivo putovanje koje ste poduzeli u svijet moderanog majstorstva sushija. Evo da poboljšate svoju igru sushija, jedan po jedan kolut. Sretno motanje i uživanje!